JN014375

スペースキーで見た目を整えるのはやめなさい

8割の社会人が見落とす資料作成のキホン

四禮 静子
SHIREI SHIZUKO

技術評論社

はじめに

残念な資料のつくりかた、していませんか？

　資料を作成するとき、ほとんどの方が「正確でわかりやすい資料」を心がけていることでしょう。ですが、ホントにそれだけでいいのでしょうか？

「社会人として恥ずかしくないレベルの資料を作っている！」

　と思っているならば、自己スキルチェックをしてみましょう。次の資料をあなたが思う「正確でわかりやすい資料」に編集してみてください。文字数は380文字です。

日曜の料理はパパ任せ
社内デモンストレーション参加者募集

新商品「合わせ調味料□なんでもOK！」の発売に合わせ、男の料理教室を開催いたします。
素早くおいしい料理を作って、家族に自慢できるようになりましょう！
今回の趣旨は、共働き夫婦で料理を妻ばかりに任せっきりにせず、「パパだってやれるぞ！」と自信を持っていただくことにあります。「合わせ調味料□なんでもOK！」の使い方を覚えて、奥様に教えてあげられるようになりましょう。
男性社員で共働き夫婦の方、奮ってご参加ください。

献立:コーンスープ・黒酢酢豚・黄金チャーハン
指導:料理研究家□芳野文代先生
日時:4月10日17:30〜20:30
場所:食品ルーム
募集人数:共働きの男性社員20名

調理終了後、楽しい試食会と意見交換会を開催いたします。

参加ご希望の方は、社内メールにて下記□川上宛にご連絡ください。
企画課川上□□Mail: kawakami@fortynet.co.jp
先着順とさせていただきます。

さて、編集できたでしょうか。ではあなたの編集レベルを測るために「編集記号」を表示してみましょう（56ページ参照）。編集記号を表示させると、あなたが「スペース・タブ・改ページ」などをどこで使用しているのか一目瞭然になります。次のような資料になっていないでしょうか？

▶ スペース（編集記号で□）で文字配置した資料

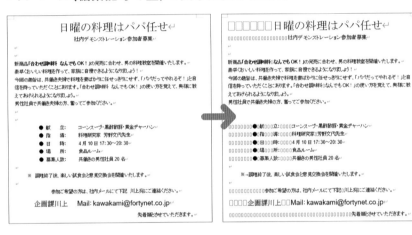

　この資料は、文字配置をスペースキーで調整しています。つまり、それだけ多くのキーをたたいて、わずか380文字の入力で済むところを100文字以上多く入力しているのです。また、この状態で文章を変更したら、レイアウトが崩れてしまいます。たとえば、箇条書きの「献立」を「メニュー」に変えると文字がそろわなくなり、ふたたび配置し直さなければいけません。

　こんな資料でも、どうにかつじつまを合わせて印刷してしまえば、ちゃんと書類が作れている気になってしまいます。そう。この「作れている気になる」が問題なのです。

　では、社会人として恥ずかしくない資料づくりにはなにが必要なのでしょうか？　答えは、美しさ、作成スピード、共有性の3つです。

美しさ

　どんなにすばらしい内容であっても相手に伝えるためには「読みやすく」「内容が伝わりやすく」「ムダがない」美しい資料でなければなりません。文書の文字位置がズレたり、ゴチャゴチャと情報を詰めこみすぎたりした資料は、内容を読む前に拒絶反応が起こってしまいますね。それでは、いい企画も死んでしまいます。

作成スピード

　世の中 AI 化が進み、今後、独創的な発想をしたりゼロから何かを作り出したりする「AI にできない仕事」に業務時間を割くことになるでしょう。

　Word・Excel など、資料作成でよく利用するソフトを使えるのはあたりまえ。"あたりまえ"のスキルに自信がなく、資料作成にムダな時間を使っていては、本来の業務に支障をきたすことになってしまいます。

　よって、ビジネス文書の場合、ペラ1枚の書類作成にかける時間は入力10分・編集5分の「計15分」が最長だと心がけましょう。そもそもタイピングは「5分間で約300文字」がビジネスに通用するスピードだといわれています。A4ペラ1枚のビジネス文書では400 〜 500文字が一般的ですから、入力時間は10分あれば十分ですね。また、編集時間もソフトの機能を活用すれば、5分もかからないはずです。

共有性

　前任者の作成した資料を手直ししたら、レイアウトが崩れてしまった。

　どういう数式を組んでいるのかわかりにくくて、解読するのに時間がかかってしまう。

　これは、あなたの信頼度にかかわってきます。「○○さんが作成した書類を修正して再利用しようとしたら、レイアウトが崩れて大変！」なんて経験はだれしもあることかと思います。しかし、

「○○さんが作成した書類は、文字を書き換えても、追加や削除をしてもレイアウトが崩れずにとても使いやすい！」

　となれば、社内の評判も上がるはずです。

Word・Excel の理解がさらなるスキルアップにつながる

「美しさ・作成スピード・共有性」をおさえた資料を作るためには、私たちが普段使用している Word・Excel の基本的な考え方を理解しておく必要があります。特に Word は、

「文書も Excel で作成してしまうので Word はあまり使わないなあ」
「Word なんて何となく使えているから大丈夫！」

　という方がいますが、それで満足してしまえばそれ以上の進歩はありません。Word には Word の、Excel には Excel の得意分野があります。「この資料は何のソフトで作成したほうがいいか」「どういう方法・機能で編集すると早くキレイに、だれでも再利用できる資料を作成できるか」を考えソフトを使いこなす力を養うことも、資料作成の大切な要素です。
　しかし「いろんな本を買って読んでも身につかない！」「パソコンスクールに通っても応用ができない！」と、資料作成の勉強方法で迷子になっている方が多いように感じます。本書では、

・社会人がキチンとした資料を作成するために最低限必要である
・これを理解しておけばこの先つまずいても、ネットで調べたり本で調べたりすれば自己解決できるようになる

　という部分をまとめました。今まで自己流でやってきた人も、これから社会人になる人も、ぜひ本書で紹介する資料作成の考え方をおさえましょう。

第 **1** 章

「WordもExcelも、
なんとなく使えてるよ」をやめなさい
〜最大の味方「資料作成ソフト」を攻略する

第 **2** 章

「キーボードを打つ速さだけに頼る」のをやめなさい

～作成速度を飛躍的に向上させる

第**3**章

「ちょっとくらい文字や図が ズレてもいい」をやめなさい
〜ビジネスにふさわしい整然とした見栄えにする

第 **4** 章

「自分だけが扱えればいい」をやめなさい
〜だれでもどんな場面でも利用しやすい資料に仕上げる

第 **1** 章

「WordもExcelも、
なんとなく使えてるよ」
をやめなさい

～最大の味方
「資料作成ソフト」を攻略する

「ソフトの使い方なんて、だれかに文句を言われなきゃ今のままでいいでしょ」
と現状に自己満足していませんか。たとえ、ソフトのショートカットキーを駆使して
パパパッと資料作成しているつもりでも、違うソフトで作っていたらそもそも不必要
な作業だったかもしれません。
まずは本章で、Word・Excel の「しくみ」を理解し、作成する資料によって「ソフ
トの使い分け」ができるようになりましょう。また、日ごろ使用するソフトだからこ
そ、自分が使いやすいように「ソフトを設定」することも肝要です。ムダな作業が減
り作成時間も短縮され、効率を劇的にあげることができます。

Wordをストレスゼロで使う
4つのキホン

　文字を入力して印刷するだけならわざわざWordを購入して使わなくても、Windowsに標準で搭載されている「メモ帳」アプリでも十分なはず。それでは、Wordを使用するメリットは何でしょうか？　それは、

「文字の配置が整ったキレイな資料を作成できる」

　ということに尽きます。同じ内容の資料があったとしたら、読み手が手に取るのは美しい資料のほうです。文字が不揃いで読みにくければ「読んでもらえない資料」になってしまいます。

　しかし、Wordを使っていると「思い通りに編集できない！」ということもあります。そのストレスの原因は「Wordのしくみ」を知らずに使っているためです。本節で「Word独自のしくみと機能」をしっかりおさえましょう。

・「段落」のしくみ
・文字配置の「横と縦」
・瞬時に選択する方法
・ページ区切り

　もちろんこれ以外にもWordにはたくさんの便利な機能が備わっていますが、まずは上記4つのキホンを理解しておきましょう。

最大のポイント「段落」を理解する　　W

・文書の行頭が微妙にズレる

・行末がデコボコしてそろわない

・入力すると下線や網掛けが設定されていて解除できない

・改行すると箇条書きが設定されてしまう

・段落番号が続き番号になって「1」からはじめられない

　こんなことでイライラしたりムダな時間を費やしたりすることはないですか？　このような Word のストレス、最大の元凶が「段落」です。文書の編集でまず大切なことは「段落」のしくみを理解することです。

「段落」については、あなたも小学生のころ作文の時間に「お話が変わるところで行を変えて、文字を1文字下げてから書きましょう。これで段落が区切られますよ」と教わったことでしょう。しかし、Word においてはそうではありません。Word はお話の内容なんてわからないので、「改行」したところで段落が区切られてしまいます。

　つまり Enter を押したところまでが1つの段落。だから、文章の「。」以外で Enter は押してはいけないのです！（特別な場合を除く）

「見本の文書と同じ見栄えにしたいから」といって、文章が続いているのに Enter で改行してしまうと、段落が分割されてレイアウトが崩れる原因になってしまいます。

　たとえば、箇条書きで1つの項目を2行に分けたいのに、勝手に番号が振られたり行間が開いたりしてしまう。これは箇条書きマークなどの段落記号が「段落に対する設定」だからです。Enter で改行すると、新たな段落を作成したことになり、箇条書きマークがついてしまうのです。

……じゃあどうしたらいいの？　というときは「段落内改行（Shift＋Enter）」を使用しましょう。段落内改行を使うことで箇条書きマークは設定されず、文字位置も自動的にそろいます。また、行間などの調整も段落ごとにまとめて設定できるのです。

▶ 普通の改行と段落内改行の違い

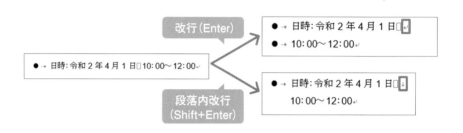

文字配置の「横と縦」のしくみを知る 　W

　文書の編集で次に重要なことは、「段落」ごとに入力した文字をいかにキチンと配置して読みやすくするかです。これは通常の文章でも、図形中の文字でも、表中の文字でも同じ。そして、配置でポイントとなるのは「横と縦」の調整です。

　横とは「インデントやタブ」などで調整する、段落内における横の文字配置。文字幅も含まれます。
　縦とは行間固定値で設定する、段落内や段落間での行間のこと。

　この「横と縦」を自由自在に設定できるようになれば「Word のストレスのほとんどがなくなる」と言っても過言ではありません。

　横位置は、次の図で示す「行頭」「行末」「文字幅」「文字間」の4つの文字位置がキレイにそろっていることがポイントです。

▶ 行頭・行末の「文字位置」

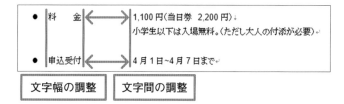

行頭の
調整

今月末から来月の 10 日まで、弊社ではリフレッシュ休暇と題して社員全員の出社をなしといたします。パソコンなどの自宅持ち帰りも禁止致します。一切の業務を忘れてリフレッシュ期間をお過ごしください。

　社長コメント：リフレッシュ休暇終了後は、全社員気持ちを新たに日常業務にますます励んでいただけるようお願いいたします。

行末の
調整

▶ 文字幅・文字間の「横位置」

● 料　　金　1,100 円（当日券　2,200 円）
　　　　　　小学生以下は入場無料。（ただし大人の付添が必要）

● 申込受付　4 月 1 日~4 月 7 日まで

文字幅の調整　　文字間の調整

　たとえば、ビジネス文書では箇条書きをよく使用しますね。箇条書きでは「横位置」をすばやくキレイに調整することが求められます。

・箇条書きのマークの位置がそろわない
・文字間隔をあけると内容がそろわない
・文字幅が微妙に異なる

　文書作成でのストレスで一番多いのが上記のような文字調整です。そこで、この段落の「横」のしくみと調整方法をしっかりと理解することで、こういったストレスでムダにイライラしてしまうこともなくなります。
　また、縦位置も同じことが言えます。行間はフォントサイズにあわせて自

動設定されるため、フォントサイズを大きくすると行間が開きすぎてしまいます。行間を広げることはかんたんですが、狭めることができずにイライラすることがあるでしょう。行間も段落の設定で自由に調整できるのです。

　美しく編集された資料を作成するには、いかに「段落」の「横と縦」が重要なのかがおわかりいただけたでしょうか？　横の調整方法は118ページ、縦の調整方法は以下で解説するので、段落の「横と縦」を自由自在に調整できるスキルを身につけておきましょう。

「行間」を自由自在に調整する　　　　　　　　　　　　　　　　W

　行間を調節する下準備として、まずは前項で扱った「改行（Enter）」と「段落内改行（Shift + Enter）」を使い分けて改行しましょう。なぜなら「改行か、段落内改行か」によって行間の調整方法が変わり、正しく使い分けることでより効率よく整えられるからです。

　たとえば、次の左図の箇条書きは改行だけで整えています。段落ごとに「段落の後を1行間隔に広げた」場合、すべての行間が広がってしまっていますね。段落内改行を使用して、右図のように項目ごとの段落にまとめましょう。そのうえで段落ごとに1行間隔に広げると、箇条書きはグッと見やすくなります。

▶ 通常の改行(左)と段落内改行(右)の違い

● 会　場	東京ドーム
● 時　間	9: 30〜18: 00
	初日は午前 11 時開場、最終日は 17: 30 閉場
	入場は閉場の 30 分前までとなります。
● 料　金	1,100 円(当日券　2,200 円)
	小学生以下は入場無料。(ただし大人の付添が必要)
● 申込受付	4 月 1 日〜4 月 7 日まで

● 会　場	東京ドーム
● 時　間	9: 30〜18: 00 初日は午前 11 時開場、最終日は 17: 30 閉場 入場は閉場の 30 分前までとなります。
● 料　金	1,100 円(当日券　2,200 円) 小学生以下は入場無料。(ただし大人の付添が必要)
● 申込受付	4 月 1 日〜4 月 7 日まで

「段落前後」の行間調整

① ［ホーム］タブ→［段落］グループ右下の「段落の設定」ボタンから「段落」のダイアログを表示します

②間隔の段落後を「1行」に設定します

「段落内」の行間調整

　行間を自由に変更したい場合は、先ほどと同様に「段落」のダイアログを表示します。間隔の行間を「固定値」に変更し、間隔にポイント数を入力してください。

　ただし、ポイント数は段落のフォントサイズより大きな数値で指定しましょう。小さな数値を指定すると文字が欠けてしまいます。

▶ 固定値の間隔がフォントサイズより小さいと欠ける（固定値10pt、フォントサイズ14pt）

> 今月末から来月の 10 日まで、弊社ではリフレッシュ休暇と題して社員全員の出社をなしといたします。パソコンなどの自宅持ち帰りも禁止致します。一切の業務を忘れてリフレッシュ期間をお過ごしください。
> なお、リフレッシュ休暇終了後は、全社員気持ちを新たに日常業務にますます励んでいただけるようお願いいたします。

　この固定値の設定方法を覚えておくと、図形の中に文字を入れるなど限られた領域の中に文字を入れるときも自由に調整できるようになります。資料作成におおいに役に立つでしょう。

　ちなみに、フォントサイズを大きくすることで、行間が自動的に開いてしまうことがあると思います。それを防ぐには、次のように設定しましょう。

① ［ホーム］タブ→［段落］グループ右下の「段落の設定」ボタンから「段落」のダイアログを表示します
②間隔の「1ページの行数を指定時に文字を行グリッド線に合わせる」のチェックを外します

単語・行・段落・文書全体を瞬時に選択する

　文字を選択する際、なんでもかんでも「ドラッグ」していませんか？　ドラッグで選択すると、途中で「マウスを離してしまってやり直し」「ほかの単語も選択しようと思ったら選択していた文字がどっかに行っちゃった」なんてミスが起こります。もっとすばやく正確に選択をする基本操作を身につけましょう。

「いまさら選択の操作？」と思うかもしれませんが、ミスなくスピーディに仕事を進めるためには重要なことです。なぜなら、Word に限らず PC の操作はすべて「選択したもの」に設定されるのがキホン。つまり「選択する」という操作が一番避けては通れない作業です。ここを「正確にすばやく」することで、あなたの業務の効率は飛躍的によくなります。

▶ サクッと選択する方法一覧

選択したい範囲	選択方法	
単語	単語を「ダブルクリック」 （複数の単語を選択したい場合は、Ctrlを押したまま選択）	今月末から来月の 10 日まで、弊社ではリフレッシュ休暇と題して社員全員の出社をなしといたします。パソコンなどの自宅持ち帰りも禁止致します。一切の業務を忘れてリフレッシュ期間をお過ごしください。
行	行の左余白を「ワンクリック」 （複数行を選択したい場合は、左余白を縦にドラッグ）	今月末から来月の 10 日まで、弊社ではリフレッシュ休暇と題して社員全員の出社をなしといたします。パソコンなどの自宅持ち帰りも禁止致します。一切の業務を忘れてリフレッシュ期間をお過ごしください。
段落	段落の左余白を「ダブルクリック」 （複数の段落を選択したい場合は、Ctrlを押したまま選択）	今月末から来月の 10 日まで、弊社ではリフレッシュ休暇と題して社員全員の出社をなしといたします。パソコンなどの自宅持ち帰りも禁止致します。一切の業務を忘れてリフレッシュ期間をお過ごしください。
文章全体	左余白を「トリプルクリック」	

　上記以外で、文章の任意の範囲はすべて「ドラッグ」で選択します。このとき文字を細かく選択するなら「カーソル」の状態でドラッグしますが、複

数行をまとめて選択するなら左余白にカーソルを持っていき、「行選択」の状態で縦にドラッグするとよりスムーズに選択できます。うまく使い分けて、活用しましょう。

「範囲選択」が必要な設定といらない設定　　　　W

　Wordの［ホーム］タブの［フォント］や［段落］グループを見ると、いろんな書式を設定できます。その中でも「文字に対する設定」は必ず文字を選択しないとコマンドボタンを押しても設定されません。逆に「段落に対する設定」はカーソルを置けばそこが「1つの段落」と認識され、選択をしなくても設定できるボタンもあります。

　このボタンは選択必須なのか、選択不要なのか。見分け方は以下のように覚えておくとわかりやすいです。

・アルファベットのボタン：文字の設定ボタン。設定したい文字を選択する必要アリ！
・横線で作られているボタン：段落の設定ボタン。カーソルを置けば選択不要！

▶ ［ホーム］タブの［フォント］［段落］グループ

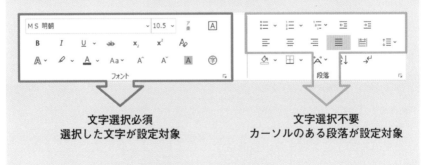

文字選択必須
選択した文字が設定対象

文字選択不要
カーソルのある段落が設定対象

読みやすく、効率的な「ページの区切り方」を知ろう　W

　複数ページの資料は「どこでページを改めるか」で読み手の理解度がグッと変わります。では、どこで改ページをすればいいのでしょうか？

・契約書など、段落が細切れになりやすい資料
　→段落が分かれるところで次のページにくり下げる
・レポートや説明書など、段落が長くなりやすい資料
　→1行残してページを分けない。また、1行だけが次のページにこぼれないようにする
・表を使用した資料
　→セル単位でページを区切る。また、各ページの先頭にタイトル行を表示する

　かといって、[Enter]を連打して無理やり次のページに送ったり、ページの先頭にあらたにタイトル行を挿入したりするのはよくありません。内容を削除・追加した場合、改行やタイトル行がズレて途端にページが狂ってしまいます。常に資料は変更される可能性を考えて、再編集しやすいように作成することが大事です。よって、ムダな改行などを極力避けて編集することを心がけてください。

　では、どうすればいいでしょうか？　以下のように使い分けて、手間をかけずに改ページをするコツを覚えておきましょう。

通常の文書

　区切りたい行で「改ページ（[Ctrl]+[Enter]）」しましょう。そうすることで、次ページの内容が読みやすくなり、前ページの内容に追加や削除があってもページレイアウトに影響は出なくなります。

▶ Enter で改ページした文書(左)と、
「改ページ」機能を利用した文書(右)

レポートや説明書のような長文

「改ページ時1行残して段落を区切らない」設定をしておけば、段落が2ページにまたがらず、いちいち全ページチェックする必要はありません。段落の最初の行が自動で次のページにくり下がり、段落が同じページにまとめられます。

① [ホーム] タブ→ [段落] グループ右下の「段落の設定」ボタンから「段落」のダイアログを表示します
② 「改ページと改行」タブをクリックして「改ページ時1行残して段落を区切らない」にチェック。OK をクリックします

　ほかにも3章の156ページで「余計にはみ出した文字・行」をページ内にキレイにおさめる方法が載っていますので、参照してください。

表を利用した資料

　セルを分割せずに次のページにくり下げ、タイトル行を自動で表示すると表が見やすくなります。以下の手順でセルを次のページにくり下げましょう。

①表を選択し、テーブルの［レイアウト］タブ→［表］グループの「プロパティ」から「表のプロパティ」ダイアログを表示します
②行タブのオプション「行の途中で改ページする」のチェックを外します

　また、1行目のタイトル行内にカーソルを置き、テーブルの［レイアウト］タブ→［データ］グループの「タイトル行の繰り返し」をクリックすることで、常にページの先頭に表の項目が自動表示されます。たったこれだけの設定で表を利用した資料がとても見やすくなります。

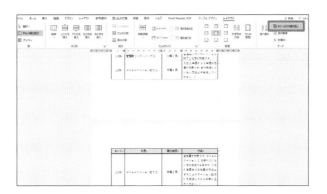

Excelの「どうしてこうなるの？」を解消する４つのキホン

「入力した日付がすごい数値になって思うように表示できない」
「データを変更したのに計算結果が変わらない」
「数式をコピーしたらエラーになる」

　いつも言われたとおりに操作をしているだけだと、いざ不具合が生じたときに「なぜなのか？」「どう対処したらいいのか？」がわかりません。まして、毎回毎回エラーのたびに社内の人に聞くわけにもいきません。必ず理解しておきたい以下の4つのキホンを知っておけば、自己解決できるようになります。

・セルの二重構造
・セルの表示形式
・セル参照の役割
・わかりやすい数式の組み方

まずはセルのしくみをおさえよう　　　　　　　　　　　　　　　X

　Excelのワークシートの最小単位は「セル」です。セルの集まりが列と行。列・行の集まりがワークシートです。セルにはすべて住所があり、列番号と行番号で表されています。A列の1行目は「A1」、2行目は「A2」。これを「セル番地」といいます。さらに、セル番地は「名前ボックス」に表示され、入力したデータは「数式バー」に表示されます。

▶ セルのしくみ

セルを理解するために「セルの二重構造」「表示形式の変更」の2つをおさえましょう。

セルの二重構造

セルに「入力したデータ」とセルに「表示されるデータ」は異なることが多く「表示されるデータ」が印刷の対象となります。代表的なのは、日付の入力。セルを選択し「4/1」と入力をすると、

・数式バーには「2020/4/1」（入力時点で2020年だった場合）
・セルの表示は「4月1日」、印刷されるのも「4月1日」

と表示されるのです。なぜこのように表示されるのでしょうか？

まず「/」を使用して入力することで「このデータは日付ですよ」とExcel に教えたことになります。さらに、月日のみ入力すると数式バーで西暦が補完されます。西暦の入力を省略すると Excel が「入力した年の4月1日のことだ」と自動判別するためです。もちろん、昨年以前もしくは来年以降の日付を入力したいなら、西暦から入力する必要があります。

以上のように Excel では「入力したデータ」と「表示されるデータ」はそ

れぞれ異なる、という二重の構造になっているのです。

表示形式の変更

　次に理解したいのは、入力したデータや計算式が変わらなくても、セルに「表示されて印刷するデータ」は自由に表示を変更できることです。たとえば「001」と入力するとセルは数値の「1」として認識し、「0」は表示されません。しかし、「'（シングルクォーテーション）」を入力してから「001」と入力すると文字列として認識し「0」が表示されます。もし数値に戻したい場合は、入力した元データが表示されている「数式バー」で確認・修正をしましょう。

　このようにセルが二重構造になっていること、表示の形式は自由に変更できることをおさえれば、Excel で表をシンプルに作成できるようになります。

実践

セル編集の基本操作を習得する　　　　　　　　　　　　　　　　　X

「入力したデータを修正したい」
「セルのデータを見やすく編集したい」

　そんなとき、サクッと編集できるようにセルの基本操作を覚えましょう。
　入力されたデータをすべて書き直すのであれば、セルを選択してそのまま入力し直せばいいですね。一部分を修正する場合は、以下3つの方法でセル内にカーソルを表示できます。

・セルの修正箇所をダブルクリック
・セルを選択後、「数式バー」で修正箇所をワンクリック
・セルを選択後、F2 を押す（データの末尾にカーソル表示）

　入力されているデータにあわせてカーソルの表示方法を使い分けるといいでしょう。

　セル内のデータを見やすくするためには、フォントサイズや色・配置などの「書式の設定」をしたいですね。書式は選択したセル単位で設定されます。セル中の1部分の文字に書式を設定する場合は、「数式バー」で文字をドラッグして選択しましょう。

　また、セル内で改行したい場合は、「Alt＋Enter」でサクッと改行できます。ぜひ、試してみてください。

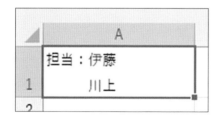

データ表示方法を自由自在に操る ▏X

　先ほど、「表示形式は自由自在に設定できる」というお話をしました。数値・文字列のほかにもさまざまな表示形式があります。たとえば、

・金額に桁区切りや通貨記号を表示する
・小数点表示を％表示にする

　などは使用頻度の高い表示形式です。日常よく使う表示形式は［ホーム］
タブ→［数値］グループでコマンドボタンとなっています。

▷ 表示形式のコマンドボタン

　ほかに、よく使われる表示形式には次のものがあります。

・日付の表示を西暦・和暦に切り替える
・日付の表示を「2020/4/1」→「2020年4月1日」に変更する
・数値に単位をつける
・桁を省略して表示する
・「様」「御中」を自動表示する
・24時間を超えて時間表示をする
・データを非表示にする

　これらを自動的に表示できるようにしておけば、わざわざ単位などを手入
力する必要もなくなりますし、1列の中にデータも単位も表示できます。ぜ
ひ必要に応じて表示形式を設定できるようにしておきましょう。

▶ 表示形式を駆使すれば、ムダな列・結合を作らずに済む

K	L	M N
1列で終了する		無駄な列・結合がある
個数		個数
0 セット		0 セット
10 セット		10 セット
50 セット		50 セット
20 セット		20 セット
60 セット		60 セット

実践

データの表示形式を変更する   X

　表示形式の変更は「セルの書式設定」ダイアログから変更します。Excelでは、「セルの書式設定」ダイアログを頻繁に使用しますのでショートカットキー（Ctrl＋1）を覚えておきましょう。

　たとえば、「2020/4/1」の表示形式を和暦にしたい場合、分類の中から「日付」を選択し、カレンダーの種類を「和暦」にします。種類の中から表示したい形式を選択してOKをクリックすると「令和2年4月1日」になります。

分類の中から選択できる表示形式にどんなものがあるのかを常日頃から見ておきましょう。一覧にない表示形式は分類の中から「ユーザー定義」をクリックして、「種類」に下記の表示形式を入力して作成します。このように表示形式を操ることで、より効率的にシンプルな表を作成できます。

▶ **ユーザー定義で作成する表示形式一覧**

	ユーザー定義で作成する表示形式	セルの入力	入力後の表示	作成のポイント
日付	yyyy年m月d日	4/1	2020年4月1日	・年はy、月はm、日はdで表す ・gggeは元号を表す
	yyyy/m/d		2020/4/1	
	ggge年m月d日		令和2年4月1日	
時間	h:mm	13:30 27:30	13:30 3:30	・時間はh、分はmmで表す ・hは24時間以内しか表示されないので、25時などの表示をしたい場合は[h]と記述する
	[h]:mm		13:30 27:30	
数値の単位	###,###グラム	0 198760	グラム 198,760グラム	・数値の桁は#、0で表す ・#は桁が存在しないと非表示になる ・0は桁が存在しないと「0」と表示される ・桁区切り以下の3桁を省くと、四捨五入されて表示を丸めることができる
	###,##0グラム		0グラム 198,760グラム	
	#,##0,千グラム		0千グラム 199千グラム	
敬称	@御中	株式会社宇宙開発	株式会社宇宙開発御中	・文字列は@で表す
非表示	;;;(半角セミコロン3つ)	任意のデータ	非表示(空白)	・セルのデータを非表示にする

データを生かすも殺すも「参照」次第　　　X

　Excelは計算ソフトではありません。「表」計算ソフトです。つまり、表ありきで計算式を組むソフトです。そのため、

・表中のどこにどのような計算結果を表示したいかを考える
・計算の際には「セル番地」を参照して式を作成する（特別な例を除く）

　ということが重要になります。よって、表を作成するときには、

・「どんな集計が必要で何のために使用する表なのか」をふまえた項目名
・計算結果でミスしない参照のしかた

を意識するようにしましょう。

　特に後者の「参照」は、参照元のデータが変わるとすべての数式が自動で更新されます。つまり、数式を作り直すことなく計算結果にミスのない表を作成するためには、どのセルをどのように「参照」するかが重要になるのです。

　フィルハンドル（選択したセルの右下の■）をドラッグして数式をコピーすると、参照セルのセル番地が1つずつずれていきます（横にドラッグすると列番号、縦にドラッグすると行番号）。これを「相対参照」といいます。このとき、セル番地をずらさずに同じセルを参照して計算したい場合は、F4を押してセル番地に＄マークをつけて「絶対参照」の式を組みます。

▶ 相対参照（H列）と絶対参照（I列）

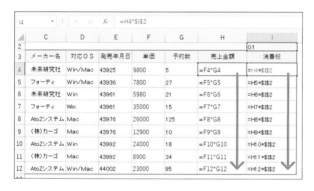

　この表は予約数が変更になると売上金額が再計算され、消費税率が変化するとすべての消費税が再計算されます。このように、できるだけ修正セルを少なくしミスを防ぐ表を作成しましょう。

数式の参照をサクッと確認　　　　　　　　　　|　X

　会社では自分で数式を組まなくても前任者やほかの人が作成した
データを使いまわすことが多くあります。そのとき、セル参照がどのよ
うになっているのかを理解することで、表のしくみを理解し、再編集の
スピードがアップします。

　作成した数式を確認したい場合は［数式］タブ→［ワークシート分析］
グループの「数式の表示」をクリックすると、セル内の数式が一覧表示
されます。ちなみに、数式の表示に切り替えると書式はクリアされ、％
表示は小数点で表示、桁区切りや通貨記号などは非表示になるので注意
してください。

数式をわかりやすくするために 「名前の定義」を活用する　　　|　X

　セルを参照して数式を組むことは表計算ではあたりまえのことですが、絶
対参照の式は「＄」マークが表示されるので、数式が煩雑になってしまいま
す。数式がこみいってくると、わけがわからなくなってしまいますね。

「自分で数式を組んだんだから、理解できている！」

　と思う方もいるかもしれませんが「数式を組んだ本人にしか理解できない
数式」ではなく、「ほかの人もすぐに理解できる数式」を作成することが、
共有性の高い表です。

　そこで、セルに「名前を定義」しましょう。それぞれのセルに番地がある
ように、セルには名前をつけることができます。ただし、名前をつけたセル
はセル番地がなくなりますので、相対参照には使用できません。逆に、絶対

参照の場合は、セルに名前をつけたほうが「$」で固定する手間がいらないうえ、数式が見やすくなり範囲指定がラクになる利点があります。

　名前のつけ方は、セルを選択して「名前ボックス」に入力するだけ。以下の例はI2を「税率」と定義しました（数字から始まる名前は定義できないので気をつけましょう）。

▶「税率」という名前を定義したセル

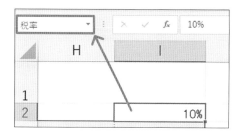

　さらに、この「税率」を使ってH4に入力された売上金額の消費税を求めたい場合は、セルを選択し「=H4*税率」と入力します。すると、「税率」と名づけたセルI2が自動的に選択されます。数式バーには「=H4*税率」と表示され、数式の意味もわかりやすくなっていますね。

▶ 名前を定義しない／するを計算式で比較

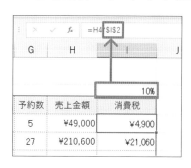
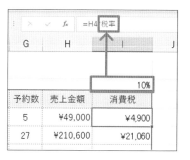

このように、数式を組むときにはできるだけ正確に早く、そしてほかの人が見たときにすぐ数式の意味が理解できるように組むことが大切です。

　名前の定義は、1つのセルだけでなく複数のセルにも定義できます。特に条件付き集計を求める SUMIF 関数では、以下のようにひと目で何の集計かわかりやすい数式になりますので活用しましょう。

=SUMIF($A$4:$A$12,K4,$H$4:$H$12)
=SUMIF(カテゴリ ,K4, 予約数)

そもそもWordとExcelを
使い分けられていますか？

　社会人になってから会社でWord、あるいはExcelの使い方を覚えた、という方も多いでしょう。その会社が「なんでもWord派」あるいは「なんでもExcel派」だったら、資料作成は何もかもWordだけ、Excelだけでやっているかもしれませんね。

　しかし、Excelならかんたんにできる作表をわざわざWordで作成したり、無理やりExcelで文書作成をしたりするのは、ひと苦労。もちろん、時間と手間と工夫を重ねればできないことはありませんが、同じ資料を作るなら、短時間でキレイにできるソフトで作成したほうが断然効率的なのは言うまでもありません。

　本節で一度あなたのソフトの使い方を見直してみましょう。それぞれのソフトの特長をしっかりと理解し使い分けるスキルも、社会人として重要です。

この表はWord・Excelのどちらで作るべきか　W X

「こういうフォーマットの表を作成したいけど、WordとExcelとどっちで作ればいいですか？」

　そう聞かれることがありますが「これはWordでなければダメですよ」とか「絶対Excelがいいですよ」とはなかなか言いきれません。それはなぜか。どっちで作っても大差ないからです。というか、どっちでも作れるからです。

　では、何を基準にソフトを使い分ければいいのでしょうか？

次の表をみくらべてください。もちろん Word でも Excel でも作成でき
ていますが、問題なのは「作成にかかる時間」と「ファイルの管理方法」で
す。

▶ WordとExcelで作成した議事録

作成にかかる時間

　Excel には列や行を分割する機能はありません。したがって、作成すると
きは結合を前提に列数や行数を決めなくてはいけない。この「隠れた列や行」
が意外と大変なのです。列が足りなかった、多かったと挿入や削除をくり返
すことで作成した表が崩れることもしばしばです。

　それに対して、Word はセルの結合のほかに「分割」という機能があり、
セル単位で列や行を増やせます。全体のレイアウトを崩すことなく編集がで
きるので、複雑にセルが分かれる表は断然 Word のほうがかんたんに作成
できます。

ファイル管理

　ファイルを「どのように管理したいのか」によっても、適切なソフトは変
わってきます。たとえば、「A プロジェクト」の各議事録を管理したい場合、
次の管理方法が考えられます。

・ファイルごとに分けて管理：「A プロジェクト議事録」フォルダの中に Word で「議事録1.docx」「議事録2.docx」……と分ける

・1つのファイル内で一括管理：Excel の「A プロジェクト議事録 book」の中に「議事録1」シート、「議事録2」シート……とまとめる

前者の管理方法のメリットは Word で変更履歴を記録するなど、グループ内でかんたんに管理できることです。一方、後者のメリットはシートで議事録を切り替えられるため、過去の議事録を見たいときにファイルを開く手間がかかりません。

このように、管理方法によってソフトを使い分けるのも一案でしょう。

▶ WordとExcelによる管理方法の違い

このように、資料を作成するときは「表だから、とりあえず Excel」「慣れているソフトを使おう！」ではなく、作成するスピードや後々のファイル管理のことも考えてソフトを選択するようにしましょう。

実践

表をサクッと分割する　　　　　　　　　　　　　　　**W**

先ほど述べたように、セルが複雑にわかれる表は Word の「分割」機能でかんたんに作成できます。ためしに次のような表を作成してみましょう。

↵		↵	↵	↵	↵
		↵	↵	↵	
↵	↵				↵
↵	↵				↵

①［挿入］タブ→「表」をクリックして表（6行2列）を挿入します

②行ごとのセル幅を調整します。調整したいセルを選択して、縦線を左にドラッグ。セルを選択しないで縦線をドラッグすると、カーソルを置いた列と同じセル幅の列をまとめて調整できます

↵	↵
↵	↵
↵	↵
↵	↵
↵	↵

③1行目の右のセル内にカーソルを置き、テーブルの［レイアウト］タブ→［結合］グループから「セルの分割」をクリックします。4列2行に分割しましょう。均等に列が分割されます

このようにすれば、Excelのような「隠し列・行」はなくなりスムーズに作表できます。

表・図が混じっても、
文書作成ソフトのキホンはWord

W X

ここまで、資料作成時に適切なソフトを使用することで作業時間も短縮され美しい資料が作成できるとお話してきました。

では、どんな資料にどんなソフトを使用すればいいのでしょうか？

さすがに数十ページに及ぶレポートなどを Excel で作成する方はいないかと思いますが、表が含まれ1ページに収めたい資料作成では Word か Excel かと悩むことが多いのではないでしょうか？　たとえば「会議の議事録」や「実施報告書」など文字主体の場合です。

先ほど「セルの分割」機能がある Word のほうが、複雑な表の作成に向いているというお話をしましたが、表内に文字を入力する文書の場合も、Word で作成するようにしましょう。次の議事録の例をみれば、いかに Excel の文書作成はめんどうなのかがわかります。

▶ Excelで作成した議事録のフォーマット

	議題
9	議題
10	昨年の内定者研修における反省点を洗い出し、今年度の内定者研修をどのように
11	行うのかを検討する。また、研修内容について、オンライン研修を採用するかど
12	うかについて意見をまとめる。新入社員入社後の研修については、研修内容を確
13	認後、全員まとめて行うか、部ごとに行うかを決定する。
14	
15	
16	決定事項や課題・問題点など
17	
18	
19	

これは Excel であらかじめ表が作成されていて罫線だけが引かれ「この行

に文章を入力してください」というフォーマット。いまだにこんなフォーマットを作成する人がいること自体が信じられません。なぜなら、列幅が決められた中に文字を入力するというのは、いちいち文字数を調整しながら文章を考え、入力しなければならなくなります。後から内容を変更したら、すべての行の文字数を調整し直す必要があり、ムダに時間がかかってしまいます。

　これは Word でも同じことが言えますが、この表を「追記してもレイアウトが崩れない」表にするには Word の方が手間をかけず作成できます。というのも、Excel では関数で処理するために文章入力用のセルを別に用意する必要があります（『Excel のムカムカ！が一瞬でなくなる使い方（技術評論社）』第3章参照）。しかし、Word はしっかりと文章のみを考えて入力を済ませてから段落罫線を設定すれば、このフォーマットと同じように作成することができるのです（詳細は後述します）。

　このように、数値データではなく文字データを主体とした資料作成の場合は、Excel より Word を使用したほうが作成時間の短縮につながるケースが多くあります。

　しかし、「文書作成だから Word」とも言いきれません。1ページ完結の資料や図形主体の資料の場合、Word ではなく PowerPoint がオススメです。スライド内では自由自在に図形を配置できるので、Word のように段落にとらわれることなくレイアウトできます。画像や図形を多用する資料作成ならば、Word より短時間で作成できるでしょう。

実践
「追記してもレイアウトが崩れない」罫線を作成する　　　W

　すでに印刷設定がされサイズが決められた表に文章を入力する場合、文字数に変更があるとレイアウトが崩れてしまい「1行の文字数をカウントしながら文章を考える」という本末転倒なことがおきてしまいま

す。このような場合は、Wordの「段落罫線」を使用することで内容重視の表を作成することができます。

▶ Wordで作成した議事録のフォーマット

```
                        会議内容
昨年の内定者における反省点を洗い出し、今年度の内定者研修をどのように行うのか
を検討する。また、研修内容について、オンライン研修を採用するかどうかについて
意見をまとめる。新入社員入社後の研修については、研修内容を確認後、全員まとめ
て行うか、部ごとに行うかを決定する。
                  決定事項や課題・問題点など

```

①まずは、文字数にとらわれず内容重視でテキストを入力します

```
                        会議内容
昨年の内定者における反省点を洗い出し、今年度の内定者研修をどのように行うのか
を検討する。また、研修内容について、オンライン研修を採用するかどうかについて
意見をまとめる。新入社員入社後の研修については、研修内容を確認後、全員まとめ
て行うか、部ごとに行うかを決定する。
                  決定事項や課題・問題点など
```

②罫線を設定したい段落全体を選択します。［ホーム］タブ→［段落］グループ→「罫線」から「線種とページ罫線と網掛けの設定」をクリックします

③「囲む」をクリックして、プレビューの中罫線も設定します

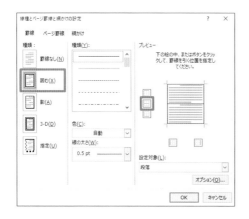

④段落ごとに罫線が引かれるので、各行末で改行します

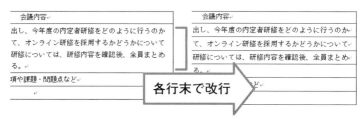

各行末で改行

　大事なことは書いてある内容であって、書式の設定にムダな時間をかける必要はありません。このように表を作成すれば、後から内容に追加があったとしても文字数の調整などは不要。どんどん入力することができます。

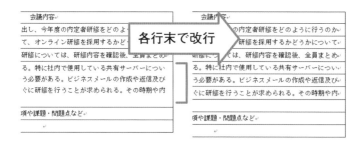

各行末で改行

図表の「貼り付け方」1つでグンと効率的になる   W X

　ここまでの話から、「文字主体で、計算を使うとしてもかんたんなものだけ」の資料は、Excel よりも Word のほうが適していると言えます。では、複雑な計算が必要だけど、文字主体になる資料の場合はどうすればいいでしょうか?

　そこで、複雑な計算が必要な表を Excel で作成し、Word・PowerPoint に貼り付けて再利用できれば、手間も時間も大幅に短縮できますね。ほかにも、それぞれのソフトの利点を活かしてデータを作成しソフト間で共有するような場面は、以下のような例が挙げられます。

・Word のアウトラインで作成した文書→ PowerPoint のスライドに自動変換
・Excel の顧客台帳→ Word のお知らせに顧客名だけを差しこんで DM とラベルを作成

　このようにソフト間で共有できれば、何度も同じような表や文章を作成する手間はかかりません。この項では「Excel で作成した表を Word で使用する」場合を解説します。

　「Excel で作成した表を Word で使用する」ときのポイントは、Excel で貼り付けたい表を選択してコピー([Ctrl]+[C])したあとの「貼り付け方」です。それによって、Word で再編集できることが変わります。まずは、貼り付ける表は「データが確定している」表なのか、「まだ変更する」表なのかを考えましょう。そして、次の3つの貼り付け方を使い分けることで、何度も表を作り直したり貼り付け直したりする手間がなくなります。

データを修正する、スタイルなどを変更する

　通常どおり、貼り付け（Ctrl＋V）ましょう。貼り付けた表は、Word の表として編集できますし、もちろんデータの書き換えもできます。Word のリボンにはテーブルの編集タブ［テーブルデザイン］［レイアウト］が表示されます。

　Word の表として貼り付ける利点は、スタイルの適用や配色などが編集できること。文書全体のデザインバランスが崩れることなく、統一された資料となります。

計算式そのものが変わる

「Microsoft Excel　ワークシートオブジェクト」として貼り付けます。この方法で貼り付けると、シートの切り替え、計算式の挿入、書式の設定など自由に再編集できます。

　このように貼り付けるためには、［ホーム］タブ→「クリップボード」グループから「貼り付け▽」メニューの「形式を選択して貼り付け」をクリックします。

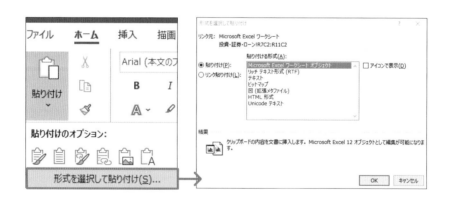

　このように貼り付けて表内をダブルクリックすると、リボンが Excel のリボンに変わり領域の中では Excel として作業できるようになるのです。最終

的に領域内で表示されている内容が Word にも表示され、編集終了後は領域外をクリックして Word に戻ります。

　同じブック内の別シートに切り替えられるので、データが確定していない表をラクに再編集できるのはうれしいですね。ただし、Word の表として編集できないので注意してください。

決定稿で、表の再編集の必要がない

　図（拡張メタファイル）として貼り付けます（先ほどと同様「形式を選択して貼り付け」から）。まちがってデータを消したり改ざんされたりすることがありません。写真やイラストと同じように、図として編集できます。

実践

表をまとめて比較しやすい資料を作成する　　　　　　　X

　Excel のワークシートは列単位で列幅、行単位で行の高さが決まります。列幅や行の高さが異なる表を上下左右に並べることはできませんね。しかし、表を比較したいときはサイズが違っていても1ページに収めたほうが見やすくなります。そのような資料を作成したい場合は「図のリンク貼り付け」を使用すると便利です。

①貼り付けたい表のワークシートの枠線を非表示にし（［表示］タブ→
　［表示］グループの「目盛線」のチェックを OFF）、範囲指定してコ
　ピーします

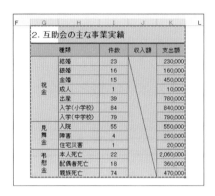

②貼り付け先のセルを選択し［ホーム］タブ→［クリップボード］グ
　ループの「貼り付け」ボタンの▽をクリックします
③表示された貼り付けの種類から「リンクされた図」をクリックします
④列幅の異なる表が貼り付けられます

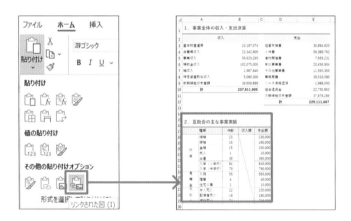

　このようにして、複数の表を1枚のシートにまとめた資料を作成できます。しかも、元表のデータを書き直すと貼り付けた表のデータも更新されるので、いちいち表を入れ替える手間もありません。

▶ 「リンク貼り付け」にすれば、データも自動で更新される

自動的に更新される

column

ほかの資料作成ソフトも理解を深める

　Microsoft 社の Office 製品以外にも、Google 社・Apple 社からも資料作成ソフトが提供されています。

　Google 社製ソフトはブラウザ上で資料を作成します。データをクラウド（Google ドライブ）に保存するので、Google アカウントがあればどこからでもアクセスできます。大きな特徴は「ファイル単位でかんたんに共有できる」こと。取引先や社外チームとファイルを共有しておけば、同時に書きこみをしてもリアルタイムで反映されます。「いちいちメール添付で送信して確認」よりも数段すばやく確認できるのです。

　Apple 社製ソフトは Mac・iPhone・iPad で使用できます。作成したファイルは iCloud に保存されるので、同期すれば PC からでもモバイル端末からでもアクセスできます。

▶ 製造元ごとの資料作成ソフト

	Microsoft社	Google社	Apple社
文書作成ソフト	Word	ドキュメント	Pages
表計算ソフト	Excel	スプレッドシート	Numbers
プレゼンテーションソフト	PowerPoint	スライド	Keynote

文書作成ソフト：Google ドキュメント、Pages

　Google ドキュメントは Word に変換（またはその逆）できますが、書式やグラフ・図が正確に再現できない場合があります。

　Pages は作成したファイルを Word ファイルとして保存したり、Word のファイルを編集したりすることはできますが、こちらもレイアウトが崩れたりします。Pages で作成したファイルを PDF に変換して保存できますので、再編集が必要ない資料であれば、モバイル端末から送信しても便利でしょう。

表計算ソフト：Google スプレッドシート、Numbers

　Google スプレッドシート・Excel の互換も、Google ドキュメント・Word の互換と同じことが言えます。また、お互いのソフトで使用できない関数がある場合に数式が消えてしまうケースもあるので注意が必要です。

　Numbers は1つのシート上に列幅や行の高さの異なる表を自由にレイアウトできます。これは Excel では通常できません。一方、Excel の関数が400以上あるのに比べ Numbers の関数は260強であること、マクロが使用できないことがあります。ですが、通常資料作成に使う一般的な関数は含まれています。もちろん Mac で Excel は使用できるわけですから、複雑なデータ分析やシステム構築は Excel でおこない、ビジュアル重視の資料作成には Numbers を使用するなども一案かもしれません。

プレゼンテーションソフト：Google スライド、Keynote

　Google スライドは Google のほかのソフトとも連携して作業できて、複数人でのリアルタイム編集もできます。web 上で検索したフリー画像をドラッグ＆ドロップするだけでスライドに挿入できるなど、シンプルな操作でプレゼンテーションを作成できます。

　反面 PowerPoint に比べると機能は少ないです（特に日本語フォントの種類が少ない）。そこで、Google スライドで作成し最終的に PowerPoint のファイルに変換して微調整するなどの連携が考えられます。シンプルかつスピーディに Google スライドで作成し、PowerPoint で仕上げるようにするといいですね。

　Keynote は PowerPoint ほどの機能は盛りこまれていませんが、直感的に作成しやすく、アニメーションや動的資料作成として画面出力に重きをおく資料作成に使いやすいソフトです。

第
1
章

「WordもExcelも、なんとなく使えてるよ」をやめなさい～最大の味方「資料作成ソフト」を攻略する

ソフトをサクサク使いこなす、
編集画面の設定

　より資料を短時間で作成するポイントとして、ソフトの画面表示を使いやすくすることが挙げられます。ソフトの画面には「リボン」「作業領域」の2つの領域があります。それぞれの領域で以下のように設定すると、編集作業がグッと効率的になるでしょう。

・リボン→命令効率を上げるために、よく使用するボタンをカスタマイズ
・作業領域→編集効率を上げるために、作業に応じたツールの表示／非表示を切り替える

よく使う機能を目につきやすいところに置く　　W X

　ソフトを使いこなせている人と、使いこなせていない人の差はどこにあるでしょうか?

　それは「よく使う機能がすぐ呼び出せるかどうか」です。
　日常的にパソコンで作業するなら、たった1回のクリックでも減らしたいと思うのはみんな同じですね。たとえば、私たちが資料を作成していて一番使う「上書き保存」や「元に戻す」といったコマンドボタン。それらを集めてワンクリックで命令できるよう用意されているのが、タイトルバー左側にある「クイックアクセスツールバー」です。

▶ すぐに機能が使える「クイックアクセスツールバー」

初期値では「上書き保存・元に戻す・やり直す」の3つのコマンドボタンが登録されていますが、じつは自分でカスタマイズできます。

・ショートカットキーでは操作がしにくい機能
・リボンに表示されていない機能
・日常業務でよく使うボタン

などを登録して、ワンクリックで命令ができるようにしておくことも作業の効率を上げる方法です。業務内容によってクイックアクセスツールバーに設置したい機能は異なると思いますが、私は次のボタンを登録しています。

Word
・スクリーンショットをとる
・正方形／長方形の描画
・ぶら下げインデント
・線種とページ罫線と網掛けの設定
・段落のインデントと行間隔

Excel
・リンクした図として貼り付け
・ウィンドウ枠の固定
・データの取り込み
・貼り付けて行列を入れ替える

また、共通して「印刷プレビューと印刷」のボタンは使用頻度が高いので、どちらにも配置しています。

　さらに、この際なので「上書き保存・元に戻す・やり直す」のショートカットキーは覚えてしまいましょう。

・上書き保存：[Ctrl]＋[S]
・元に戻す：[Ctrl]＋[Z]
・やり直し：[Ctrl]＋[Y]

実践

よく使う機能を「クイックアクセスツールバー」に登録 ｜ W X

　クイックアクセスツールバーには初期値の3つのコマンドボタンのほかに、登録できるコマンドボタンがリストで表示されます。下図のように、チェックを入れることでバーに追加できます。

▶「クイックアクセスツールバーのユーザー設定」のリスト表示

　しかし、あくまでもソフトが勝手に作成したリストですので、自分の業務で頻繁に使用するコマンドボタンがこの中にあるとは限りません。よって、以下の手順で機能を登録しましょう。

①「クイックアクセスツールバーのユーザー設定」の矢印からリスト表示をしたら「その他のコマンド」をクリック。クイックアクセスツールバーのカスタマイズ画面が表示されます
②コマンドの選択を「すべてのコマンド」に変更してすべての機能を表示します
③左側から追加したいコマンドを選択して「追加」をクリックして右側に追加します
④OKで画面を閉じるとクイックアクセスツールバーにコマンドボタンが表示されます

　ボタンの数が増えたら、クイックアクセスツールバーをリボンの下に配置しておくと使いやすくなります。「クイックアクセスツールバーのユーザー設定」の矢印からリスト表示をしたら、「リボンの下に表示」をクリックしましょう。

▶ リボン下に表示されたクイックアクセスツールバー

「編集記号」でソフトの挙動をわかりやすくする　　W

　入力時に Space や Tab を入力しても、画面上では空白になりどっちを入力しているのかわかりません。このように「どんな入力がされているのか？」がわからないと次のようなケースが起きてしまいます。

・「改ページ」が挿入された段落を知らずに削除してしまい、ページがくり上がってしまった
・中央揃えが設定されるべき段落にスペースが使用されていたため、文字を修正したら中央にそろわない
・インデントで字下げすべきところをタブでそろえているため、まちがってタブを削除して狂ってしまう

　こんなときに「編集記号」を表示しておけば、どのように編集されているのか、ムダなスペースがどこにあるのかが一目瞭然になります。編集記号にはタブ・スペース・段落記号・隠し文字・アンカー記号などがあり、何を画面に表示するかは変更できます。通常はすべての編集記号が表示される設定になっています。
　一見キレイに作成されたように見えても、編集記号を表示するとたくさんの編集記号が表示されてゴチャゴチャになる文書があります。しかし、美し

い資料とは「編集記号を表示しても美しい」のです。つまり、いかに編集記号を減らすかが美しい資料作成のポイントになるのです。

▶ 編集記号を表示すると、どのように編集したかがわかる

　編集記号の表示／非表示は［ホーム］タブ→［段落］グループから「編集記号の表示／非表示」をクリックしましょう。ボタン1つで変更できるので、常に表示しておくことをおすすめします。

▶「編集記号の表示／非表示」のコマンドボタン

レイアウト調整用の定規として「ルーラー」を使う　W

　文字の配置が微妙にそろわないために、ムダな時間を費やしているケースがたくさんあります。特に行頭の場合、余白に文字がはみ出してしまったり、微妙にデコボコして文字がそろわなかったりすることはありませんか？

「今カーソルのある段落の設定がどうなっているのか」

それはリボンやルーラーで確認できます。ルーラーとは文字数を表す目盛りで、次図のようにリボンの下に表示されます。インデントマーカーが0文字の部分や行末にキチンとそろっているかを確認するには、ルーラーが一番早いです。また、字下げした場合も文字の位置をルーラーで知ることができます。

▶ 文字数を表す「ルーラー」

　初期値では非表示になっていますので、必ず表示するようにしておきましょう。［表示］タブ→［表示］グループの「ルーラー」にチェックを入れます。

　ルーラーにはカーソルのある段落の設定内容が反映されます。
　ここで大切なのは、「左インデント」と「右インデント」。通常は左が「0」右が「40」の位置にそろっています（ページ設定で右インデントの文字数は変化します）。これはこの段落が「1行40文字」ということです。
　段落の設定方法は3章の119ページでお伝えしますので、設定状況はこれらのインデントマーカーの位置で確認する、という原則を忘れないようにしてください。

「グリッド線」をうまく活用しよう ⓦ ⓧ

　グリッド線とは、段落やセルの幅や行を表す補助線のことです。表示していても、印刷はされません。

　Wordでグリッド線を表示しておくと、行頭・行末の文字の配置やレイアウト時の行数がわかりやすくなります。ただし、表を作成するときは行の罫線とグリッド線が見分けにくくなるため、非表示に切り替えたほうがいいでしょう。

　グリッド線を表示／非表示にするには、[表示] タブ→ [表示] グループから「グリッド線」のチェックを切り替えます。

　Excelはセルの位置がわかりにくくなるため、グリッド線（枠線・目盛線）を非表示にすることはあまりないでしょう。しかし、図形を描くときなどは非表示のほうがスムーズに作業できるので、表示／非表示は切り替えられるようにしておくと便利です。

　Excelのグリッド線（枠線・目盛線）を表示／非表示にする場合は、[表示] タブ→ [表示] グループの「目盛線」のチェックを切り替えます。または、[ページレイアウト] タブ→ [シートのオプション] グループから「枠線」の「表示」チェックでも切り替えができます。

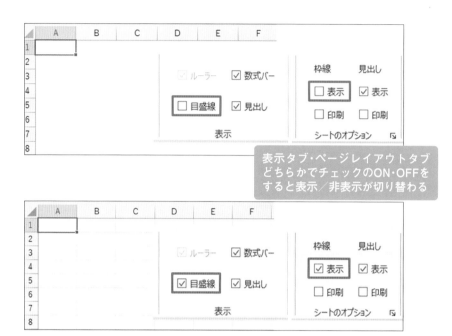

表示タブ・ページレイアウトタブ
どちらかでチェックのON・OFFを
すると表示／非表示が切り替わる

第 2 章

「キーボードを打つ
速さだけに頼る」
のをやめなさい
〜作成速度を飛躍的に向上させる

「正確で速いタイピング能力」それももちろん重要です。ですが、そもそも入力した内容自体にミスがあったら？　後から修正がかかったら？　資料作成では変更や修正は日常茶飯事。タイピングスピードだけでなく、ソフトの機能を活用して作成スピードをアップすることも心がけましょう。

「編集スピードを上げるために、先に資料の情報量にあわせてページ設定する」「ムダな入力は減らしつつ、ソフトの機能を使ってすばやく入力する」「入力ミスを最小限にしたうえで、すぐに修正・変更する」これらを最初に意識することで効率的な資料作成ができます。

入力前に「ページ設定」を
考えることが最短ルート

「ソフトはおおよそ理解した。それじゃあ、さっそく入力しよう！」

　ちょっと待った！　入力の前にまず用紙サイズや余白を調整しましょう。これはどんな資料であってもです。
「作成時に印刷する必要がない資料なら考えなくてもいい」と思うかもしれません。ですが、画面上で確認する資料でも1ページでキレイにおさまっているほうが、あなた自身はもちろん共有された相手も読みやすくなります。さらに、1ページの情報が多くなりすぎないように内容を精査してまとめることで読み手の理解度が深まるでしょう。

　また、あとから急に「印刷してください」と言われないとも限りません。そうなったときに、なかなかうまくページにおさまらず時間がかかってしまうようでは、効率が悪くなってしまいます。

　このように作成前は、印刷するときのことを考え、用紙サイズ・余白を調整することを心がけましょう。

読みやすくなるように適切な用紙設定をする　　　W

「さあ、資料を作ろう」となったときに最初に考えることは、情報量にあわせた「用紙」です。用紙はサイズごと明らかに文字を入力できる範囲が違ううえに、余白の設定も異なります。これらは、資料作成したあとからサイズを変えても自動的に調整されないので、途端にレイアウトが崩れてしまいます。せっかく一生懸命作成した資料も台無し……なんてことにならないよう、次の観点で用紙を設定しましょう。

- 通常のお知らせなどのビジネス文書は A4サイズ（縦）が一般的
- 企画書などは A4 ／ A3用紙1枚に情報をまとめる
- 複数ページの資料なら、なるべく用紙のサイズや縦向き／横向きは統一させる
- 特に A4は縦向き、A3は横向きにそろえて綴じるように作成する

　これらは ［レイアウト］タブ→［ページ設定］グループから設定できます。［ページ設定］グループのボタンでできない設定、もしくは一括設定はグループ右下の矢印をクリックして「ページ設定」ダイアログを表示しましょう。

最適な余白をとる４つの原則　　Ｗ Ｘ

「この資料、せっかく内容はいいのに文字が詰まっていて読みづらい……」

　そうならないためには「余白の設定」も軽視できません。通常のビジネス文書なら、余白はソフトの標準設定のまま使用することが一般的です。

- Word：A4サイズ、上余白35mm、下左右30mm
- Excel：上下1.91cm、左右1.81cm

しかし、A4サイズをB5・A5・はがきなどの小さなサイズに変更しても、余白は上記の標準設定のまま。余白が広すぎて入力範囲が狭くなってしまうので、必ず余白を設定しましょう。あらかじめソフトにある既定の設定を使用すると、かんたんに調整できます。

A5・B5→やや狭い
はがき→狭い

　一概に「何ミリの余白にしましょう」とはいえませんが、ビジネス文書では次の4つのことに配慮してください。

・1ページに文字を詰めこみすぎない
　　→行間・文字幅が狭くなりすぎる設定は避ける
・上部の余白を下部の余白より多めにとる
　　→ヘッダーは複数行になりやすい。また上部余白が狭い文書は圧迫感
　　　を感じやすい
・ホチキスで留める場合は「とじしろ」の余白もつくる
　　→左とじ・袋とじの余白設定は後述
・ページ番号を本文に近づけすぎない
　　→余白を調整するとフッターが狭くなりがちなので注意。ページ番号
　　　の位置設定方法は後述

　このような「余白の設定」は［レイアウト］タブ→［ページ設定］グループ右下の矢印をクリックして表示される「ページ設定」ダイアログからできます。資料作成の最初の時点で設定し、印刷時に微調整すれば、レイアウトが崩れにくくなるでしょう。

実践

実践

左とじ・袋とじのときの余白の作り方　　　| W

　契約書や会議資料のようにホチキスで留める資料の場合、綴じる箇所は余白を空けておきたいですね。まずは「ページ設定」ダイアログを開きましょう。

左とじ

①余白の「とじしろ」を5mm に設定します

②とじしろの位置を「左」に設定します

袋とじ

①用紙サイズを「作成する用紙サイズの倍の大きさ」に設定します（たとえば、A4で作成する場合は A3の用紙）

②印刷の形式を「袋とじ」に、そして印刷の向きを「横」に設定します

　どちらも、とじしろの余白を作ると標準設定より文字数が少なくなることはおさえておきましょう。

▶ 左とじの設定、袋とじの設定

余白にあわせてページ番号の位置を調整する　　　　W

　マニュアルなど、説明の多い文書はムダにページ数を増やさないために、余白を狭く設定することもよくあります。ただし、その際フッターのページ番号の位置も注意しましょう。たとえば、もしページ設定の下余白が「15mm」で下からのフッター位置が「17.5mm」に設定した場合。ページ番号は「下からのフッター位置」の1行上に挿入されるので、本文内にページ番号が表示されることになってしまいます。

▶ 余白とフッター位置の関係も意識する

　フッターのページ番号挿入は以下の手順になります。

① ［挿入］タブ→［ヘッダーとフッター］グループから「ページ番号」
　をクリック
② 「ページの下部」から「番号のみ2」で挿入

　先ほど述べたように、ページ番号は「下からのフッター位置」の1行上に挿入されます。不要な改行は削除し、微調整は位置グループの「下からのフッター位置」の数値で調整しましょう。

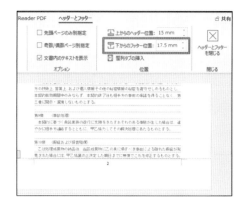

Excelの資料は、作成前に基準線を表示　X

　日常業務では、さまざまなデータをパソコンの中に保存していることで
しょう。資料のデータもその中の1つで、印刷して使用するのはごく一部か
もしれません。特にExcelで作成したデータの場合、印刷を目的としていな
いデータもたくさんあります。

　ただし、最初から「この資料はA4サイズで印刷する！」とわかっている
のであれば、入力前の表に「基準線」を表示させることをおすすめします。
何も入力していない状態でも一度印刷プレビューを開けば、ワークシートに
印刷範囲の点線が表示され（標準設定：A4サイズ、縦置き、上下余白1.91cm、
左右余白1.81cm）、作成する表のサイズの目安になります。

　この「基準線」を目安に表を作成すると、印刷時に列や行がはみ出すこと
もなくなり、調整する手間もかかりません。

▶ 表中に基準線をあらかじめ表示させておく

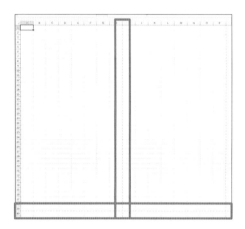

　一方、Excel の場合は「印刷を目的としないで作成するデータ」もたくさんあるので、必要なときに適切なサイズで印刷できるようにしておけば資料作成もスムーズですね。印刷サイズを意識せずに作成した表も、次の手順で縮小・拡大印刷すれば、レイアウトを崩すことなくさまざまな用紙に印刷できます。

・縮小印刷：［ファイル］タブ→印刷で「拡大縮小なし」を「シートを1ページに印刷」に設定すると自動縮小
・拡大印刷：［ファイル］タブ→印刷で拡大縮小の設定から、拡大縮小オプションをクリックし拡大率を変更

入力は
「ベタ打ち」が重要

「データを共有し編集する」ことは職場で避けては通れません。前任者の資料を再編集したり、逆にあなたが作成した資料をほかの人が再編集したりすることもあるでしょう。

　その中で「文字を修正したらレイアウトが崩れる」ような編集・再編集に時間をかけてしまう資料を作成してしまったら、あなた自身はもちろん共有相手の時間さえも奪ってしまいます。

「あいつが作成した資料は触りたくない！」
「ひどい編集方法だなぁ。いい加減にしろよ！」

　そんな評価をされるか、されないかは入力の時点ですでに決まります。この節では「ベタ打ち」という入力方法を身につけて、効率的でメンテナンス性が高く、どこに提出しても恥ずかしくない資料作成ができるようにしましょう。

「1行入力するたびに、書式を変える」なんて 手間をかけていませんか？　　W

　ページレイアウトが決まったらさっそく入力していきますが、

【資料のタイトルを入力】→【中央にそろえる】→【色・文字サイズを変更する】→【Enterで改行する】→【次の行を入力】→……

　という方法で作成していないでしょうか？　このような方法で作成する

と、図のように、改行したときに次の行へ書式を引きずってしまいます。すると、次の行へ通常の書式で文字を入力したい場合「配置・色・フォントサイズの設定を元に戻してから入力をする」というとても非効率的な入力になってしまいます。

▶ 設定した書式は次行へ引きずってしまう

日曜の料理はパパ任せ↵
社内↵

そこで、まずは「ベタ打ち」をするようにしましょう。

ベタ打ちとは、見栄えは後回しでとにかくテキストを入力すること。もちろん文字配置や書式は設定しません。ベタ打ちをしたら、同じ設定の部分はまとめて選択し、同時に書式を設定します。そうすることで、何度も同じ設定をする手間が省けますし、選択した箇所は統一された書式となり書式の乱れがありません。

そして、大切なことはすべてのテキスト入力が終了したら、必ず「 Enter を押して1行改行をする」ことです。

▶ 1行改行すれば追記もラクチン

参加ご希望の方は、社内メールにて下記 川上宛にご連絡ください。↵
企画 川上 　　Mail: kawakami@fortynet.co.jp↵
先着順とさせていただきます。↵

← 1行改行しておく

「テキストの末尾で1行改行」するのは、再編集しやすくするためです。というのも、もし書式を設定したあとにそのまま文章を追記してしまうと、書式を引きずってしまいます。そこで、あらかじめ作成しておいた最後の1行に追加入力すれば、書式をクリアする手間はかかりません。最終的に不要な改行になれば削除すればいいのです。

このように再編集のことを常に考えて作成するようにしましょう。

ベタ打ちのコツを完全マスターして、より効率のいい入力を目指す

W

ベタ打ちのコツは「見栄えより内容重視」。とにかくテキストの入力に力を注ぐことです。たとえば、文字間をそろえるために Space を押す。これは、驚くほど効率悪い入力方法と言えます。

「段落の最初の行を1文字、字下げにしたい」
「箇条書きの文字をそろえたい」
「内容を強調したいので行頭を下げたい」

これらに Space は使用しません。ソフトの機能を使って正確にまとめて整えられます。それなのに、上記のような入力をしていると、編集しづらく手間がかかります。また、フォントの種類によっては、 Space では文字がそろわないので、余計ムダです。

「あなたが見栄えを整えるために押した Space は、ムダな文字入力である」

このことを忘れないようにしましょう（もちろん、文字をそろえるためではなく空白をあけたいときには Space を使用します）。そのほか、ベタ打ちのコツは次の4つです。

- 段落を分けるときは⌊Enter⌋で改行する
- 箇条書き段落内の改行は⌊Shift⌋+⌊Enter⌋で「段落内改行」にする
- 箇条書きの記号「・」などは手入力しないで、入力後まとめて設定する（[ホーム] タブ→ [段落] グループの「箇条書き」ボタンを押す）
- 箇条書きなどで項目と内容を区切るために空白をあけたい場合は⌊Tab⌋を1回押す

　なぜ、⌊Tab⌋を押すのかというと、「タブ」を入力するためです。タブとは文字を飛ばす機能で、編集記号を表示している場合、図のようにタブマークが表示されます（編集記号は56ページ参照）。飛ばしたタブは「4の倍数」の文字位置に文字が配置されますが、あとから編集してそろえることができるので、ベタ打ちのときには配置は気にせず「1回」だけタブを入力しておきましょう。

▶ **タブマーク**

献立: → コーンスープ・黒酢酢豚・黄金チャーハン↵

実践

ベタ打ちから、表を作成する　　　　　　　　　　 W

　ベタ打ちで、⌊Tab⌋を使用する場面は文字をそろえる以外に、

「タブを入力した段落を自動で表に変換する」

　ということも挙げられます。タブは列、改行は行と認識し、段落にあわせた表が挿入されるのです。表にしたい文字列を選択し [挿入] タブ→「表」から「文字列を表にする」をクリックすればあっという間に作

成できます。

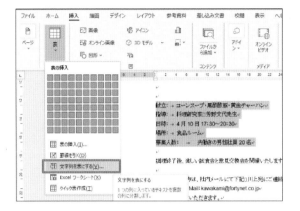

　このとき「自動調整のオプション」から、「文字列の幅に合わせた」
表のサイズにするか、「段落の幅（ウィンドウサイズ）に合わせた」表
のサイズにするのかを選択できます。

ほかの人の資料を編集するときも、ベタ打ちに戻そう

W

　ここまでは自分で1から資料を作成する場合を考えてきました。では逆に、すでにある文書を再編集する場合はどうすればいいでしょうか?

　運悪く、スペースを入力して無理やり帳尻をあわせたような資料を回された場合、ちょっとした変更でレイアウトが崩れ、修復するのにひと苦労。挙句の果てに「もはや最初から作り直したほうが早い!」と、文字入力からやり直す羽目になるのは避けたいところです。

　もし、あなたがこんな場面に遭遇したらどうしますか?　「最初に資料を作成した人を恨む」なんてムダな時間をかけていないで、

「すべての書式をクリアにして、ベタ打ちの状態に戻す」
「すべてのスペースを削除する」

　この2つをおこなって、キチンと編集をし直しましょう。

①すべての書式設定をクリア

　文書全体を選択(左余白でトリプルクリック)して[ホーム]タブ→[フォント]グループの「すべての書式をクリア」ボタンをクリック。これで、フォントサイズ・行間・箇条書き・配置など、書式がすべてクリアされます。

②スペースをすべて削除

　Ctrl＋Hを押して「検索と置換」の設定を表示し、検索する文字列にスペースを1つ入れます（カーソルのみで何も表示されなくてOK）。置換後の文字列はそのまま空欄とします。「すべて置換」をクリックすると、すべてのスペースが削除されます。これでムダなスペースがすべて削除され、ベタ打ちの状態に戻ります。

　これでキチンと編集し直せるようになり、スッキリと作業が進められますね。

入力を「10分」で
すませるために

「はじめに」で述べたとおり、ペラ1枚の書類作成にかける時間は、入力10分、編集5分の計15分が最長だと考えましょう。しかし、30名くらいの企業研修で、ペラ1枚のビジネス文書を「15分で作成してください」と渡すと、時間内にキレイに編集できる人は1〜2名いるかいないか。この1〜2名になるためには、入力時間の短縮とソフトの機能をしっかりと活用することが重要です。入力時間の短縮ではタイピングスキルが求められますが、それ以外にも、

・くり返し入力する取引先名や商品名などは、単語登録して入力文字数を減らすこと
・入力に使えるショートカットキーを覚えること

で時間を短縮できます。Excelではさらに、以下の2点で入力スピードがアップします。

・データの入力操作をマスターすること
・はじめて使う関数でもサクッと入力できるようになること

┃ タイピング速度を意識するより、入力数自体を減らす   Ｗ Ｘ

資料作成時に文字入力はつきもの。しかし、たとえ入力速度は速くてもミスが多ければ意味がありません。入力ミスを少なくするには「タイピングのホームポジションを定める」ことが挙げられます。ただ、これは一朝一夕で

習得できることではありません。やはり日々の練習や心がけが必要です。

　では、現状のタイピングスキルで、できるだけミスなく早く入力をすませるにはどうしたらいいのでしょうか？

　それは、IME などの「日本語変換ソフト」を活用し、入力をショートカットすることです。

　自社名をフルで入力をしていませんか？

　お決まりの挨拶文などを、いちいち全文入力していませんか？

　熟語や人名を単漢字で1文字ずつ入力していませんか？

　IME の「単語登録」「辞書登録」機能を使えば、こういった手間をかけた入力がなくなり、少しでも早く正確に入力ができます。さらに、この機能は Word でも Excel でもメール作成時でもネット検索時でも関係なく、パソコンで入力するときは共通して使えるのです。

　毎回入力する自社名や商品名、人名などは登録をしておきましょう。登録のポイントは、

・正しい読み仮名で登録する

・省略した読み仮名で登録する

　この2種類を使い分けることです。

　たとえば、私の名前である「四禮（しれい）」は絶対に変換で出てきません。「四」と「禮」を分けて入力することになります。毎回そんなめんどうなことはやっていられないので「しれい」と入力したら「四禮」と変換されるように辞書に登録します。

　また、「株式会社技術評論社」など長い社名の場合「ぎひょう」と入力したら「株式会社技術評論社」と変換されれば、入力する文字数も少なくてすみます。固有名詞だけではなく「いつもお世話になっております。」を「い

つおせ」、「引き続きよろしくお願いいたします。」を「ひきよろ」のように省略して登録しておくことも、入力ミスなく早く入力をすませるコツです。

　ほかにも、アルファベットが混在する単語なども登録しておくことで変換のわずらわしさが減ります。

　このようにタイピングが苦手！　と思うより、正確に早く入力するために「入力文字数」自体を減らし、入力スピードを上げていくことも意識しましょう。

　ちなみに、Excel は連続データの入力とオートコンプリート機能（同じ列中にくり返しデータを入力すると、すでに入力したデータが入力候補として自動表示される機能）もあわせて覚えておくと便利です。

実践

IME 単語登録、辞書登録　　　　　　　　　　　　　　　　　　　　

　それでは、実際に単語を登録してみましょう。

①画面右端のタスクバーにある、ひらがなの「あ」（もしくは「A」）を
　右クリック
②表示されたメニューの中から「単語の登録」をクリックします

以下3点を入力し、登録します。

・「単語」の枠内に登録したい文字を入力
・「よみ」に入力する文字を入力
・「品詞」を選択する

　次の図のように登録し、「しれい」と入力して変換すると1番最初に
登録した単語「四禮」が表示されるようになります。

　たくさん単語を登録していると、なにをなんと登録したか忘れてしま
うことがあります。また、使用しなくなった単語は、逆に辞書機能がわ
ずらわしくなる場合もあるでしょう。

　辞書を管理するには、先ほどの「単語の登録」画面の左下にある
「ユーザー辞書ツール」から、登録した単語の一覧表示・修正・削除が
できます。画面上にある3つのボタンの機能を覚えておいてください。

・鉛筆のボタン（新規登録）：再度「単語の登録」画面を開く
・消しゴムのボタン（削除）：登録した単語を辞書から削除
・修正液のボタン（再編集）：登録した単語や読みを変更

▶ 「Microsoft IME ユーザー辞書ツール」3つのボタン

　また、「辞書名」に記載されているアドレスは、ユーザー辞書ツールの保存されている場所です。「¥」マークで区切られているフォルダを開き、表示されるファイルをコピーしてほかの PC に移せば、このユーザー辞書はパソコンを交換しても引き続き使い続けることができます。ただし、AppData フォルダは隠しフォルダになっていますので、フォルダの表示から「隠しファイル」にチェックを入れてください。

　ユーザー辞書は、あなたの入力をサポートしてくれる大切なオリジナル辞書です。ぜひ使いこなせるようになりましょう。

ショートカットキーで作成速度アップを図る | W X

　1章で、よく使用するコマンドボタンは「クイックアクセスツールバー」に登録しておくと便利ですよ、とお話ししましたが、

「キーボードからマウスに持ちかえるのさえめんどうだ」

　と思う方も多いでしょう。たしかにマウスに頼らずキーボードから操作できるとさらにスピードアップします。以下の表中にある、入力操作や日常よく使用する操作のショートカットキーは覚えてしまいましょう。

▶ ソフト共通で便利なショートカットキー一覧

コピー	Ctrl + C
切り取り	Ctrl + X
貼り付け	Ctrl + V
事前の操作の取りやめ	Ctrl + Z
事前の操作のやり直し	Ctrl + Y
事前の操作のくり返し	F4
カタカナ変換	F7（1回ごとに右からひらがなに戻る）
アルファベット変換	F10（1回ごとに小文字→大文字→頭文字大文字をくり返す）
ひらがな変換	F6（1回ごとに左からカタカナに変換）
郵便番号（入力確定前）を住所に変換	Space（or 変換）で変換
住所（入力確定後）を郵便番号に変換	住所を選択し、変換 で変換

「ショートカットキーが覚えられずいつまでもマウスから手が離せない！」という方は、覚えなくてもいいショートカットキーの使い方があります。

①Alt を押すとタブのショートカットキーが表示されます
②使用するタブのショートカットキーを押すとコマンドボタンのショートカットキーが表示されます

このように Alt から表示されるショートカットキーをたどっていけば、覚えていなくてもキーボードから命令できるのです。リボンに表示されないコマンドボタンはクイックアクセスツールバーを活用してくださいね。

データをスイスイ入力する基本操作を覚える　 X

　Excel のデータ入力の心がまえは、どんなときも、

「カーソルがなくなるまで Enter （もしくは、 Tab ） を押す」

　ということです。よくデータ入力後にカーソルがセル内にある状態で、ほかのセルをクリックしたり、次の操作をしたりする人がいますが、絶対にやめましょう。そういう癖をつけてしまうと、数式を組んでいる途中にいろんなセルをクリックして数式がおかしくなったり、データの再計算がうまくいかなかったりするミスが起こりやすくなります。名前の定義をするときも、シート見出しの名前を変更するときも同じです。上記の心がまえを胸に刻んだうえで、以下2つの基本入力操作をおさえましょう。

・下に移動：【データを入力】→【Enterを押す】→【アクティブセル（操作中のセル）が下に落ちる】
・横に移動：【データを入力】→【Tabを押す】→【アクティブセルが右横に移動する】

　次の図のようなリストにデータを入力する場合、 Tab で横に移動し続け、最終列で Enter を押せば、先頭列にアクティブセルが移動するので、さらに入力作業が効率的になります。

▶ リスト入力をスピーディーにこなす基本操作

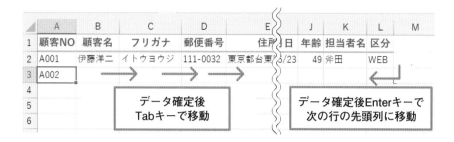

あわせて、Excel の入力に役立つショートカットキーも活用しましょう。

▶ Excel入力に使えるショートカットキー一覧

文字確定後の カーソル表示	F2	売上集計表
選択した複数セルの うち、先頭行の データを同じ列に コピーする	Ctrl + D	10 10 10
選択した複数セルの うち、先頭列の データを同じ行に コピーする	Ctrl + R	

現在時刻の自動入力	Ctrl + :
現在日付の自動入力	Ctrl + :
合計の自動入力	Alt + Shift + =
選択した列・行の前に挿入	Ctrl + +
選択した列・行の削除	Ctrl + −
セルの書式設定の表示	Ctrl + 1
値貼り付け	Alt → H → V → V
メモの追加	Shift + F2
関数の挿入ダイアログの表示	Shift + F3
定義された名前の一覧表示	Ctrl + F3
同一列内のリスト入力	Alt + ↓
ジャンプ	Ctrl + G
テーブルの作成	Ctrl + L

関数入力のキホンをおさえて、悩まず入力できるようにする

X

　Excel を使って計算するなら、関数は使えるようになっておきたいところです。しかし、Excel の関数の数は、なんと400以上。膨大な数の中から関数を短時間で入力するために、関数の呼び出し方をおさえましょう。

　関数の呼び出し方にはいくつかの方法があります。「使いたい関数名はわかっている！」「○○という目的で使いたい。適切な関数はどれだろう？」などあなたの状況によって、以下の呼び出し方を使い分けるといいですね。

①数式バーに「=」から関数名を直接入力する
　→入力したスペルにあわせて候補が自動表示される。関数名がわかっている場合は早い

② [数式] タブにある「関数ライブラリ」の分類から選択する
　→目的にあわせて関数の選択肢を絞ることができて、選びやすい

③ [数式] タブにある「関数の挿入」ボタンまたは数式バーの fx をクリックし「関数の挿入」画面から選択する　(Shift + F3)
　→「関数ライブラリ」にない関数も、すべて表示され検索できる

　いずれかの方法で関数を呼び出したあとは、関数に「必要な情報」を与えて式を組み立てなければなりません。この情報を「引数」といいます。

「この関数はじめて使うんだけど、どんな引数を入力すればいいの？」

　そんなとき、「関数の引数」画面を使って関数を挿入すると、引数のヒントを教えてくれます。

▶ 関数の引数画面

　また、「関数の引数」画面から作成した数式は、細かい決まりは自動で処理されるメリットもあります。基本的に数式の入力は「引数を（　）で囲む」「引数同士は，で区切る」「文字列は"　"で囲む」決まりがあるので、たとえば「A2セルのデータが80以上なら合格と表示。それ以外は何も表示しない」という関数を①の方法で作成するには、以下のように「数式バー」へ入力しなくてはいけません（3番目の引数「""」は空白を意味します）。

　=IF(A2>=80," 合格 ","")

　しかし「関数の引数」画面からなら、下図のように入力すればOKです。このように、引数の入れ方がわからないときは「関数の引数」画面を利用すると細かいルールに囚われず、はじめての関数でもラクに使いこなせます。

▶「関数の引数」画面から入力する

「関数の引数」画面を呼び出すには、以下の3通りがあります。

①数式バーに関数名と（まで書いて、数式バーの fx をクリックする

②「関数ライブラリ」の分類から関数を選択する
③「関数の挿入」画面から下図のように関数を指定し OK をクリック

▶「関数の挿入」で関数を検索する

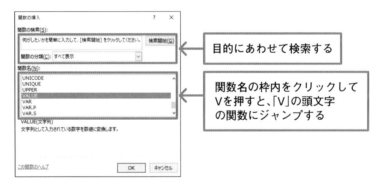

入力ミスの防止・修正は
ソフトの機能を使う

　入力ミスや誤字脱字がないように資料を作成するのはキホン中のキホン。しかし、そこは人間です。気をつけていてもミスが起こる場合もあります。特に自分で作成した資料の場合、いくら読みかえしても変換ミス・誤字脱字や文法のミスに気がつきにくいものです。また、苦労してミスを見つけたとしても「阿部」「安倍」「安部」「阿倍」などの変換ミス、半角全角文字の入力ミス……これらを1つひとつ修正するのは膨大な時間のロスですね。

　自力では限界があるので、どうしても手入力をしなければならない情報はソフトの機能を最大限に活用してミスを防ぎましょう。では入力ミスを犯さないためにソフトができることはなんでしょうか?

・入力前：入力できるデータに制限をかけて入力ミスを防ぐ
・入力後：読み上げ機能を使用して確認する。文書校正機能や置換・関
　　　　　数を使ってデータを精査する

あらかじめ入力に制限をかければ、まちがえようがない

　人の名前を入力しようと思ったら、入力モードが「A」になっていてアルファベットで入力してしまった!　なんてことはよくありますよね。あわてて文字を削除してから入力モードを切り替えることは身に覚えがあるでしょう。ほかにも、

年齢を入力していて桁をまちがえて入力してしまっていた。
日付をまちがえて入力してしまった。

こんな経験はだれにでもあるのではないでしょうか？　とても些細なことですが、こういった小さなミスが大きなミスにつながることもあります。また「ミスを修正しなければならない」わずらわしさはストレスになりますね。だったら最初からミスが起きないようなフォーマットを作成しておけばいいのです。「データの入力規則による入力の制限」を使えば、次のようなフォーマットが作成できます。

B	会[	F　住所1	G　住所2	H　生年月日	I　年齢	J　入会日
会員NO						
文字数制限			文字列入力	日付入力制限		日付入力制限
H001	芳野	東区浅草	2-2-1	1975/8/30	44	2015/9/1

・B列（会員 No）：指定した文字数までしか入力できないようにする
　→桁違いの入力ミスが防げる
・G列（住所2）：半角英数字の入力制限
　→ローマ字入力と半角英数入力の切り替えが不要になる
・H列（生年月日）：過去の日付しか入力できないようにする
　→年号の入力ミスを防げる
・J列（入会日）：過去の日付しか入力できないようにする
　→年号の入力ミスを防げる

顧客管理、社員名簿、会員明細などなど、多くの方が作成した経験のある表にも応用できます。入力前にあらかじめこのような形式のフォーマットを作成し、だれでも極力ミスなく短時間で入力できるようにしましょう。

文字数の入力制限　　　　　　　　　　　　　　　X

それでは、さきほどのフォーマットを実際に作りながら「入力を制限する」方法をご紹介しましょう。まずはB列を「4文字」までの入力に制限します。

①B列全体を選択し［データ］タブ→［データツール］グループから「データの入力規則」をクリック
②表示された「データの入力規則」ダイアログに次のように設定します

・入力値の種類：文字列（長さ指定）
・データ：次の値以下
・最大値：4

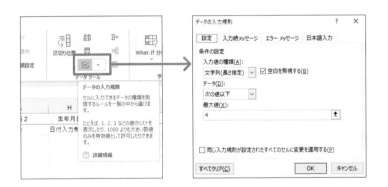

このように設定したうえで、5文字以上の文字を入力するとエラーメッセージが表示され入力できなくなります。キャンセルをクリックして、正しいデータを入力しましょう。

半角英数字の入力制限　　　　　　　　　　　　　　　　　　　　　X

　G列の「住所2」は、一般的には番地を入力します。しかし、たとえば「2-2-1」と入力して Enter で確定すると「2002/2/1」と表示されてしまいます。これは日付の入力は「/」のほかに「-」も使用できるため、日付の入力とみなされるからです。そこで、入力時に「'（シングルクォーテーション）」を打ちこみましょう。「2-2-1」と入力することで文字列として入力できます。

　またそれだけでなく、G列のセルを選択したら自動的に入力モードが「英数半角モード」になり、全角文字が入力できないようにしてしまいましょう。全角で入力したり半角で入力したりといった乱れがなくなります。

　半角英数しか入力できないようにするには、

①G列を選択し、[データ] タブ→ [データツール] グループから「データの入力規則」をクリック
②「データの入力規則」ダイアログを開いたら「日本語入力」タブを選択
③IME の日本語入力を「オフ（英語モード）」に設定し、OK をクリックします

実践

日付の入力制限　　　　　　　　　　　　　　　　　　　　　　　　X

　生年月日も入会年月日も過去の日付です。会員はもちろんすでに生まれている人ですし、入会済みだから会員名簿に登録をするのであって、いずれも未来の日付を入力することはありえません。それをわかっていても、ついうっかり日付をまちがえたり、年号をまちがえたりする可能性もゼロではないですね。そこで、今日の日付までしか入力できないように制限をかけることでミスを減らせます。

　今回のテンプレートでは、同じ制限をかけたい列が2つ（H列、J列）あるので、片方の列（H列）を選択し [Ctrl] を押しながらもう片方の列（J列）を選択します。さらに、［データ］タブ→［データツール］グループから「データの入力規則」をクリック。「データの入力規則」ダイアログが開いたら「設定」タブをクリックし、以下の3点を入力してOKボタンをクリックします。

　　・入力値の種類：日付
　　・データ：次の値以下
　　・終了日：=TODAY()

「今日の日付までしか入力できないように」制限をかけたいわけですから、「終了日」は今日の日付ですね。そこで、今日の日付を表示する

TODAY 関数を使います。今日の日付を求めるためにセルを参照する必要はありませんので、引数は不要です。が、関数はすべて引数を「（　）」で囲みましょうという約束事があるので、引数がいらない場合でも「TODAY()」と入力する必要があります。

　データの条件は「今日を含めて過去の日付」にしたい場合、「次の値以下」となります。これで、翌日以降の日付を入力するとエラーメッセージがでて入力できなくなります。

　ちなみに「今日を含めず、昨日より過去の日付」にしたい場合は「次の値より小さい」を使用しましょう。

選びやすい「２段階リスト」を作成する　　X

「決められたデータ」以外はいっさい入力できないようにしたい！　という場合、データの入力規則の「リスト入力」を設定します。図のように、セルをクリックすると選択肢から選んで入力することになり、選択肢にないデータは入力不可となります。

▶ リストから決められたデータのみを入力する

　入力ミスを防ぐにはとても便利ですが、オートコンプリート機能（78ページ参照）と比較すると、いちいちマウスに持ち替える手間が発生します。それでも、リスト入力をおすすめする理由は、

「ほかのリストで選んだデータに応じて、リストの選択肢を制限できるから」

　これを「2段階リスト」と呼んでいます。

　通常のリストでは、入力時にすべての選択肢が表示されてしまいます。たとえば、都道府県リストから「愛媛県」を選択しようとすると、選択肢が多くリストをスクロールして下まで移動する手間がかかりますね。

　そこで、「地域」と「県」で2段階リストを作成すると、地域「四国」を選択すれば「県」のリストでは四国の県しか表示されず、選択がラクになります。もちろんリストに表示されない県名は入力できません。地域ごとの集計や、県ごとの集計ができるようになります。

▶ 2段階リストで選択ミスの少ないリストを実現する

　選択した地域にあわせて、県のリスト内容が絞りこまれた状態で表示されれば、選択肢も少なく選びやすいうえ、地域をまちがえて県を入力することはなくなりますね。このような2段階リストを作成すれば、入力ミスを防ぐだけでなく、データの整合性もとることができるのです。

`実践`

2段階リスト入力の設定方法 | X

①リストに使用する一覧を別シート（マスターシート）に作成

　次図のように、A列に一番大きな「地域」リストを作成したら、B列以降で「地域」リストのデータごとにリストを作成します。このとき「地域」リストのデータをB列以降のリストのタイトルとして使用することがポイントです。

②作成したリストにそれぞれ「名前を定義」

　A列〜I列にそれぞれ1行目の名前（地域・北海道・東北……）を一括で定義します。A1〜I11を選択し［数式］タブ→［定義された名前］グループの「選択範囲から作成」をクリックします。名前の定義に「行を使用するか、列を使用するか」のチェックボックスが表示されますので「上端行」のみにチェックを残し、OKをクリックしましょう。

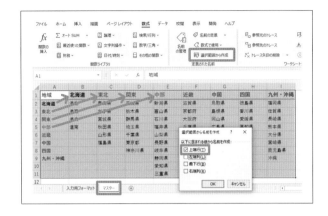

　名前ボックスをクリックすると、定義された名前の一覧が表示されて範囲を確認できます。

③通常の1段階リスト入力を作成

　リスト入力を設定したい範囲（K列）を選択し、[データ]タブ→[データツール]グループの「データの入力規則」をクリックします。「データの入力規則」画面の入力値の種類を「リスト」に設定します。「元の値」の枠内に、「=地域（②で定義した名前）」と入力し、「空白を無視する」のチェックを外し、OKをクリックします。

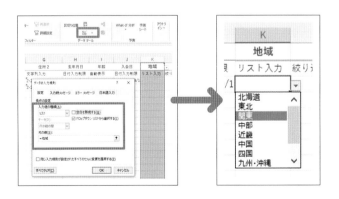

④2段階リスト入力を作成

③と同じように「県」の列にリスト入力を設定します。ただし、「元の値」の枠内には、次のように入力してください。

=INDIRECT（K1）

「空白を無視する」のチェックボックスはチェックを外し、OKをクリックします。

INDIRECT関数は、引数で指定したセルに入力されているデータと同じ名前で定義された範囲を表示する関数です。たとえば、K3に「関東」と入力されていれば、「関東」と定義された名前の範囲を表示します。K4に「四国」と入力されていれば、「四国」と定義された名前の範囲を表示します。つまり、K列のデータに応じて、リストに表示される内容が変化することになります。

名前を定義した範囲に空白がある場合は、リスト作成時に注意が必要です。

このとき「空白を無視する」のチェックボックスにチェックがはいっていると、リストに表示されるデータ以外も入力できるようになってしまいます。どんなときもリストの一覧にないデータは入力できないよう

にするには、必ず「空白を無視する」のチェックボックスを OFF にしてください。

入力済みの場合は、ソフトに校正を任せよう

Excel では、ご紹介したようにフォーマットを作成することでミスを防げますが、Word の場合は、フォーマットによる入力制限はできません。気をつけて入力・確認しても、ミスを見逃してしまう場合があります。たとえば、

・半角全角文字が混在している
・表記ゆれがある（プリンタ、プリンターなど）
・英単語のスペルがまちがっている

などなど、さまざまなミスが見受けられる資料もあります。

このようなことを自分の目で探して1つずつ修正していたら、きりがありませんし、ムダな時間をかけてしまうことになります。そんなときはソフトに任せて、余った時間をほかのことに活用しましょう。

Word の場合、「英単語のスペルミス」「明らかな入力ミス」「同一単語の表記ゆれ」「同一単語の半角全角」など文章校正に引っかかるものは赤や緑の波線などで画面上に表示されます。何をミスしているのか、どうして文章校正に引っかかるのかという確認は、右側のエディター作業画面に表示されます。修正をしたり、あえて無視してそのままにしたりすることができます。

自分で作成する資料は、ベタ打ちが終了した時点で「スペルチェックと文章校正」をする癖をつけておきましょう。

▶ エディターの画面

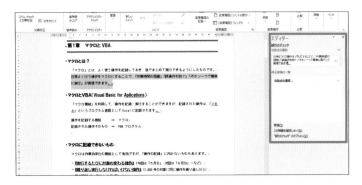

スペルチェックと文章校正でミスのない文書を目指す　　│ W

　［校閲］タブ→［文章校正］グループの「スペルチェックと文章校正（あるいは、エディター)」をクリックします。

　エディターの「修正候補の一覧」に表示されている候補をクリックすることで自動的に修正されます。さらに、修正候補を選択して「すべて修正」をクリックすることで、文書内のすべての表記を統一できます。

文章校正時に何をチェックするのかは自分でも設定できます。［ファイル］タブ→［オプション］から「文章校正」をクリックします。「Wordのスペルチェックと文章校正」の「設定」をクリックして、こまかく校正内容を決めることができます。

実践

膨大な単語の修正を一瞬で完了させる　

「大量に入力した単語を、すべて別の単語に入れ替えたい」

　なんてときがあるでしょう。文法ミスや入力ミスでないと、ソフトでは自動修正できません。そんなときは「置換」を使用するとすばやく処理できます。

　Ctrl＋Hで「置換」を起動させましょう。以下を入力し「すべて置換」をクリックすれば、一括でさしかえられます。

・検索する文字列：変更前の文字
・置換後の文字列：変更後の文字

入力済みデータの精査は関数を使って ▯X

　売上・経費・仕入れ・人材・顧客・商品など Excel で管理しているデータ
はさまざまです。いざ、提出用の資料を作成するとなったときに、ベースと
なる集計元のデータに乱れがあると、

「月集計ができない！」
「顧客名のミスで顧客ごとの集計ができない！」

　などの不具合が起きます。すると、過去のデータにさかのぼってチェック
し直すことになり恐ろしく手間と時間がかかってしまいます。必要なときに
すぐ集計したり、データを抽出したりするためには「元データがキチンと作
成できている」ことが大前提となります。
　そこで、Excel ですでに入力されているデータを次の観点で精査しましょ
う。データの精査は関数を使用した一括処理ですばやく整えます。

・日付データが文字列になっていないか？→文字列を数値に変換する
・関数で処理したあと、不要な列が残っていないか？→不要な列を削除
　して表を整える

100

・英数字に半角全角・大文字小文字が混在していないか？→半角小文字
に統一する

　特に CSV データをインポートしたときや、ほかのソフトからデータを移
したときにこのような現象が起きやすいです。Excel では、あらゆる資料作
成の元となるデータベースをキチンと管理していくことが、「早く」「正確」
な資料作りにおいて重要となります。

実践

文字列の日付を数値に戻すには　　　　　　　　　　　　　　　　X

　文字列の日付では月集計を求めたり期間を計算したりできないので、
数値の日付に変換する必要があります。
　ここでは、B 列（B3セル以降）に入力された文字列の日付を C 列に
数値の日付として表示する場合をご紹介します。C3のセルにすべて半
角で、次のように手入力をしましょう。

　=DATEVALUE(B3)

　DATEVALUE 関数は、文字列の日付を数値の日付に変換する関数
です。
　結果がシリアル値で表示された場合は、セルの書式設定（Ctrl＋1）
の表示形式を日付に設定しておきます。その後、相対参照で数式をコ
ピーしておきましょう。

　データが大量にあるときは数式のコピーで最下段までドラッグするのも大変ですね。その場合は、フィルハンドルをダブルクリックすれば最下段までコピーできます。

列を削除すると参照先がエラーになるときは　　　　　　　　　X

　データを正しく変換した後に大切なことは、不要な列を削除するということです。

　先ほどの例を考えると、このままでは入会年月日の列が2列になってしまいます。かといって、数式の参照先であるＢ列を削除してしまうと、Ｃ列に作成した数式の参照セルがなくなってしまい、せっかく求めたDATEVALUE関数の結果がエラーになってしまいます。

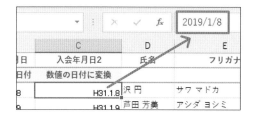

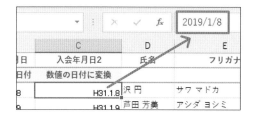

そこで、C列のデータをコピーし「値貼り付け」をしましょう。数式を抜いて結果だけを貼りつけることで参照セルも不要になります。

①C列を列選択し、[Ctrl]+[C]でコピーをします
②そのままC列に［ホーム］タブ→［クリップボード］グループの貼り付けボタンから「値貼り付け」をクリックします（[Alt]→[H]→[V]→[V]）。数式バーを確認すると数式ではなく日付のデータが表示されます

③不要となったB列を選択して列ごと削除しておきましょう（列の削除：[Ctrl]+[−]）

実践

アルファベットを半角小文字に統一する ┃ X

半角・全角・大文字・小文字が混在するデータを半角小文字に統一す

るには、次の2つの関数を使用します。

　・全角→半角変換…「ASC 関数」
　・大文字→小文字変換…「LOWER 関数」

　たとえば、G 列（G3以降）に書いてあるメールアドレスを H 列に「半角小文字」で統一して表示させてみましょう。H3のセルにすべて半角で、次のように手入力します。

「小文字にしたら半角にしてね」

　フィルハンドルをダブルクリックして、数式をコピーします。このときも、メールアドレスの列が2列になってしまいますので、正しく表示された H 列を列選択してそのまま値貼り付け（[Alt]→[H]→[V]→[V]）をして、不要となった G 列は列ごと削除（[Ctrl]+[−]）しておきます。

音声読み上げで内容をチェックする　| W X

　そのほか、Word にも Excel にも読み上げ機能がありますので、データをソフトに読みあげてもらいミスをチェックできます。Excel の場合は、すべてのコマンドから「セルの読み上げ」ボタンをクイックアクセスツールバーに登録しておきます。Word の場合は Ctrl ＋ Alt ＋ Space で音声読み上げが起動します。手元資料と画面データとの照らしあわせなどの場合は便利です。

　資料作成時には、

・事前にミスが起こらないようにする
・それぞれのソフトの自動処理を最大限に活用する

　ことを意識して、ミスのない資料作成を心がけましょう。

自動入力で
「ミスなく瞬時に入力」を極める

どんなに気をつけていても、ミスのない人間はそうそういないでしょう。

「人の手で入力することにミスの原因がある」

と考え、極力手入力を避けることがデータのミスを防ぎます。では、「手入力を避ける」とはどういうことでしょうか?

もちろん、売り上げや経費・顧客情報など日々動いている生のデータは人の手で入力しない限り自動入力はムリです。ただ、同じデータの入力回数を減らすことでミスは防げますし、パパッと入力をすませることができます。この節では、次の2つの方法をご紹介します。

・オリジナルの連続データで、くり返し入力するデータを自動入力する
・関数で、すでに入力されたデータから情報をとりだし入力を減らす

「オリジナルの連続データ」で自動入力を実現する ▏ X

「月集計を求めるときに1月〜12月を自動で表示させたい!」
「カレンダーの日付を1日〜31日まですばやく入力したい!」

このような連続データはフィルハンドルをドラッグすることで入力できますね。次のようにすれば、日付にかかわらずさまざまな連続データを入力できます。

・数値の連続入力：2つ以上のデータを入力し選択してからフィルハンドルをドラッグ
・単位をつけたデータの連続入力：1つのデータのみ入力し選択してからフィルハンドルをドラッグ

ところで、この連続データ。リストを作れば、オリジナルで作成できることはご存知でしょうか？

「社員リスト」や「商品リスト」などよく利用するオリジナルリストを登録し自動入力できるようにしておけば、効率もよくミスもありません。以下の手順で登録しましょう。

①［ファイル］タブ→オプションから詳細設定をクリックし、全般の「ユーザー設定リストの編集」をクリックします

②リストの項目に登録したいデータを1行1単語で入力し追加ボタンをクリックします

③左側のユーザー設定リストに追加したら OK をクリックします

　このように設定しておけば、次回から「北海道」と入力してフィルハンドルをドラッグすると「沖縄」まで自動的に入力できます。

　さらに、Excel ですでにあなたが入力したデータも「オリジナルリスト」として登録できます。登録したいデータのセル範囲を選択した状態で、ユーザー設定リストを開くと「リストの取り込み元範囲」にセル番地が表示されます。「インポート」ボタンをクリックすれば、リストの項目を入力する手間すらなくなります。

olumn

並べ替えは「昇順・降順」だけじゃない！　　　　| X

「データを並び替える」というと、どうしても昇順・降順のイメージが
ありますが、先ほど登録した「連続データの順序」も並べ替えの対象に
できます。たとえば、都道府県を「北海道」から「沖縄」まで登録して
おけば、連続入力だけでなく、

「住所録や支社名一覧などを北から順番に並び替える」

　なんてことができてしまうのです。そのほか「ユーザー設定リスト」
に登録することでオリジナルの並べ替えを作成できます。以下の手順で
並べ替えましょう。

① [データ] タブ→ [並べ替えとフィルター] グループの「並べ替え」
　をクリックします
②順序の項目から「ユーザー設定リスト」を選択します

③ユーザー設定リストの一覧から並び替えに対応させたいリストを選
　択し、OK ボタンをクリックします

「関数」で自動入力を実現する   X

　ここからは関数で自動入力を実現する方法をご紹介しますが、前項の「連続データ」の自動入力となにが違うのでしょうか?

　連続データは「新しいデータ」をミスなく早く入力するための機能です。前項で説明したように、基準になるデータは入力する必要がありますが、フィルハンドルをドラッグすればドラッグしたぶん、自動的に連続データが入力されますね。それに対して、関数で自動入力をするということは、「すでに入力されているデータ」をもとに処理することになります。

　たとえば、以下のような例が考えられます。

・入力されているデータにあわせて自動的に連番を振る
・すでに入力された漢字のデータから「フリガナ」を入力する
・すでに入力された生年月日のデータから「年齢」を入力する

　このように「連続データ」と「関数」の違いを理解し、2つの自動入力方法を使い分けましょう。

　また、88ページで述べた「データの入力規則」と組みあわせることで、次図のようなミスのない入力フォーマットを作成できます。

⊿	A	B	C	D
1	番号	会員NO	会員名	フリガナ
2	自動連番入力	文字数制限		自動表示
3	1	H001	芳野　能治	ヨシノ　リュウジ

・A列（番号）：B列にデータが入力されたら、自動で連番を振る
　→番号のカウントミスがなくなる

・D列（フリガナ）：C列で入力した「会員名」のフリガナが自動で表示
→会員名を2度入力する手間を省く

E	F
郵便番号	住所1
ASC関数とPHONETIC関数	郵便番号入力
111-0032	東京都台東区浅草
162-0846	東京都新宿区市谷左内町

・E列（郵便番号）：F列で入力した「住所1」からフリガナとして自動
表示
→数字や記号のめんどうな入力が省略できる

H	I
生年月日	年齢
日付入力制限	自動表示
1975/8/30	44
1980/11/5	39

・I列（年齢）：生年月日から年齢を自動表示
→常に現在年齢が表示できる

実践

自動で連番を振る

　B列の「会員No」にデータが入力されたら、A列「番号」に1から
連番が表示されるように数式を組みます。A3セルに、次の数式を手入
力しましょう（すべて半角）。

=IF(B3<>"",ROW(A3)-2,"")

この式の場合、IF 関数の引数は（B3<>"",ROW(A3)-2,""）で、ROW 関数の引数は（A3）です。また、IF 関数は「もしも○○ならば、こうしましょう、それ以外はこうしてね！」という意味なので、以下のように、3つの引数が必要になります（引数同士は「, （コンマ）」で区切ります）。

・第1引数（論理式）：「もしも○○ならば」
・第2引数（真の場合）：「こうしましょう」
・第3引数（偽の場合）：「それ以外はこうしてね」

　引数ごとにくわしく解説していきます。
　第1引数の「B3<>""」の「<>」は等しくないという意味で、「""（ダブルクォーテーション）」は空白を意味しています。よって、「B3<>""」は「B3が空白でないならば（＝B3にデータが入力されているならば）」という式です。
　第2引数の「ROW(A3)-2」で使用されている、ROW 関数は指定したセルの「行数」を求める関数です。A3は3行目なので、そのままでは「3」と出力されてしまいます。そこで、1からはじめるために、「-2」をしています。B3の行数を求めても同じことなので、ここで使用する ROW 関数の引数は「A3」ではなく「B3」でもかまいません。
　第3引数の「""（ダブルクォーテーション）」は空白を意味しています。

　つまり、まとめると次のような式になります。

$$=IF(B3<>"",ROW(A3)-2,"")$$

第1引数   第2引数   **第3引数**

「もしもB3にデータが入力されていたならば、1と表示して。
それ以外は空白でいいよ」

A3のセルに作成した数式を相対参照で下へコピーしておきます。こ
れでB3以降も会員NOを入力するとA列に連番が表示されます。

データを入力・削除するたびに連番を入れ直す手間もなくなります。

実践

フリガナの自動入力と半角表示 | X

D列は、C列に入力された「会員名」のフリガナを自動表示します。
D3セルで次のように手入力をしましょう(すべて半角)。

=PHONETIC(C3)

PHONETIC関数は指定したセルのフリガナの情報をとりだす関数で
す。数式を相対参照で下にコピーしておきます。

PHONETIC関数は入力した情報がそのままフリガナとして表示され

ます。つまり、E3セルに「=PHONETIC(F3)」と入力すると、以下の
ように表示されるのです。

・F3セルに「東京都台東区浅草」と入力→ E3セルは「トウキョウトタ
　イトウクアサクサ」と表示
・F3セルに「１１１－００３２」と入力して「東京都台東区浅草」と
　変換→ E3セルは「１１１－００３２」と表示

　このしくみを利用すれば、F3の住所入力もかんたんだし、同時に E3
で郵便番号も自動表示されます。
　ただ、E列で表示されるフリガナは全角文字の郵便番号になります。
表示された郵便番号を半角にしたい場合は、E3のセルに次のように入
力をしましょう（すべて半角）。

=ASC(PHONETIC(F3))

PHONETICの引数

ASCの引数

「F3のフリガナを求めたら半角で表示してね」

　ASC 関数はセルの値を半角に変換する関数です。数式を相対参照で、
下の行へコピーし直しておきましょう。

▶ ASC関数を使うと半角で表示される

=PHONETIC(F3)	=ASC(PHONETIC(F3))
１６２－０８４６	162-0846

実践

年齢を自動的に更新する   **X**

　会員は年をとらない？　うらやましい話ですが、そんなことはありません。皆1年に1つずつ年をとっていきます。ところが、会員名簿の会員の年齢は入会したときのまま、年をとっていない資料をよく見かけます。社員名簿だって、顧客名簿だって同じです。登録したときの年齢を手入力してしまうと、永久にそのままの年齢になってしまいます。名簿の年齢も1年に1つずつ年をとって、現在年齢が表示されるようにしておきましょう。

　期間を求める関数にDATEDIF関数があります。I3のセルに次のように手入力をしましょう（すべて半角）。

「生まれた日から、今日までを年数で表示してね」

　DATEDIFは「いつから、いつまで、単位は○○で表示する」関数になります。ここでは「生まれた日から、今日まで、を年数で表示」してほしいですね。

　年を表すYは「"Y"」ダブルクォーテーションで囲みます。月数で表示する場合は「"M"」、日数で表示する場合は「"D"」となります。

▶ **年齢を自動更新する**

H	I
生年月日	年齢
日付入力制限	自動表示
1975/8/30	44
1980/11/5	39

　この数式を相対参照で下へコピーするときに気をつけてほしいのですが、H列のセルが空白（＝生年月日が入力されていない）場合、「いつから」の部分が1900年1月1日と認識されてしまいます。つまり、2020年だと120（120年目という意味）と表示されてしまうのです。生年月日が未入力の場合に年齢を空白処理したい場合は、I列の数式を次のように組みましょう。

　　=IF(H3="","",DATEDIF(H3,TODAY(),"Y"))

「もし生年月日のセルに何も入力されていないならば、年齢のセルは空白でいいよ。そうじゃなければ今日までの年数を表示してね！」という式です。

「ちょっとくらい文字や図がズレてもいい」をやめなさい

～ビジネスにふさわしい整然とした見栄えにする

「人は見た目が○○」「第1印象で決まる」とよく言われますね。これは「人」だけではなく「資料」にも同じことがいえます。文字や図形がズレた資料は、「かっこつけても靴が汚い」ビジネスマンと同じ印象です。

社会人の身だしなみと同じように、資料も全体のトータルファッションを意識します。「文字や図をキチンと配置する」「資料の目的にあわせて書式を統一する」「読みやすく整理された印刷設定をする」など細部から全体に気を配ることで、はじめて読み手の前に提出できるのです。あなたが堂々とお客様の前に立つのと同じように、作成する資料も堂々と提出できるように作成しましょう。

資料編集の最大の難関 「文字配置」を攻略する

あなたが資料の編集に一番時間をかけているのはなんでしょうか?

おそらく、それは「文字の配置」でしょう。行のはじまりや終わりの文字が微妙にそろわなくて、時間ばかりがすぎてしまう。最終的に「いくら調整しても、そろわない!」と途中であきらめて、そろっていないままの資料を提出してしまう。……なんてこともあるのではないでしょうか。

社内ならそれでよくても社外に出す場合は、あなたが作成した資料のせいで「あそこの会社の事務レベルはこの程度か」と思われてしまうかもしれません。常に会社の名前を背負って仕事をしている自覚は、資料作成レベルでも大切なことです。今まで何気なくスルーしてしまっていた文字の配置もキレイに整えられるようになりましょう。

かといって、これまで何度も説明してきたように、Space をトントンと入力して文字間隔を広げたり箇条書きの内容をそろえたりするのは NG。メンテナンス性が高く美しいビジネス文書に仕上げるには、文字の配置に正しい機能を使用する必要があるのです。文字のそろえ方には、

・行頭行末の文字位置(インデント)
・段落(文字数)の均等割り付け
・文字と文字の間隔(タブ)

の3種類があるので、これらのしくみをしっかりと理解し応用できる力を身につけておきましょう。

段落ごとのメリハリをつける「インデント機能」　Ｗ

　まずはインデントの機能を理解しましょう。インデントには次の3種類の設定があります。

段落の１文字目の字下げ

　改行して次の行から書きはじめる際、内容の転換を表現するために行頭を「1文字分、字下げ」して新たな段落とします。このとき[Space]を使用して1文字分の字下げをしている方も多いでしょう。しかし、[Space]を押して入力した空白1文字は、フォントの種類・文字間隔の設定などですべて同じ幅にならないことがあるのです。

　フォントの事情に惑わされることなく、正確に段落から1文字分を字下げするには「1行目のインデント」で選択した段落のそれぞれ1行目のみを「1文字分字下げ」します。

▶ 1行目のインデント

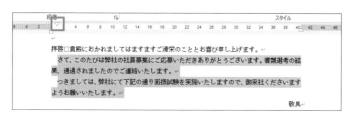

段落の２行目以降の字下げ

　箇条書きの「段落記号」や「段落番号」を使用した段落が複数行になると、次の行は記号や番号の真下からはじまるのではなく、1行目の文字開始位置からはじまるように自動改行されます。もし次の図のように「段落記号」や「段落番号」を使用しない場合は、自分で設定しましょう。

その際「ぶら下げインデント」を使用すれば、段落の1行目はそのままで「2行目以降」が指定した位置で自動改行になります。「ぶら下げインデント」は「1行目のインデント」の逆で、1行目は字下げにせず、2行目以降を字下げでそろえたい場合に使用する、と覚えましょう。

▶ ぶら下げインデント

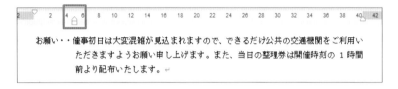

段落全体の字下げ

　情報量が多い資料の場合、1ページにたくさんの文字が入力されています。そのため、改行や字下げ、行間などを使用して内容が読みやすくなるように工夫します。工夫の1つに「段落を1つのカタマリとして強調する」ことが挙げられます。それを可能にするのが「インデント」機能です。

「インデント」機能では選択した段落すべての行が字下げになるので、情報を目立たせることができます。箇条書きの部分全体を字下げして強調する、文書の概要を本文と区別するために字下げして強調する、という使い方です。資料のレイアウトにメリハリをつける効果があります。

▶ 左インデント、右インデント

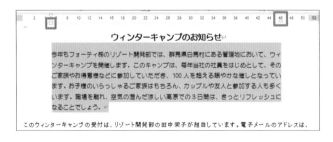

これらの設定は、［ホーム］タブ→［段落］グループ右下の「段落設定」ボタンを押して、段落のダイアログから数値で設定しましょう。ルーラーのインデントマーカーをドラッグしても字下げはできますが、左右同じ文字数の字下げをする場合、ドラッグでは不正確になります。また、右の字下げはリボンの中にボタンが用意されていないため、左右まとめてダイアログから数値で使用したほうが効率的ですね。

 左右のインデント

1行目・ぶら下げインデント

実践

箇条書きは「インデントを増やす」ボタンを使おう　　W

　箇条書きの作成にも、ぜひ左インデントを使用しましょう。箇条書き部分の字下げをすることで、より強調され見やすくなります。その際、箇条書き部分の字下げは、段落ダイアログより「インデントを増やす」ボタンの使用をおすすめします。

　さきほど説明したように、箇条書きを設定すると、

・箇条書きの記号の位置は「1行目のインデント」
・項目の位置は「ぶら下げインデント」

に自動設定されます。これは段落が2行になったときに、2行目の文字位置が自動的に1行目の文字の下からはじまるようにするためです。このとき、箇条書き部分の字下げをしようとヘタにルーラーで操作してしまうと、箇条書きの文字幅に狂いが出てしまい、余計調整が大変になってしまいます。

そこで、箇条書きの箇所を字下げしたい場合は、「インデントを増やす」ボタンを使用すれば、記号と文字の間隔を保ったまま、全体をかんたんに字下げできます。もちろん「段落」ダイアログから数値で指定することもできますが、左インデントのみの場合はボタンのほうがかんたんで早く設定できます。

①必ずそろえたい段落すべてを選択します

②［ホーム］タブ→［段落］グループから「インデントを増やす」ボタンをクリックします

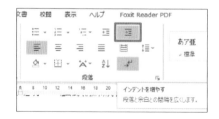

2種類の「均等割りつけ」を使いこなす

「タイトルの文字間隔を広げたい」
「箇条書きの項目の文字幅をそろえたい」

このような場合、Spaceで文字幅を調整すると、フォントの種類やアルファベット・半角全角に左右されてしまいます。文字幅を自由に調整し文字をそろえるためには「均等割り付け」機能を使用しましょう。「均等割り付け」を使用したタイトルは、後からタイトルを変更しても文字間の調整は不要。また、箇条書きの項目の文字幅がそろっていると、箇条書きがすっきりと見やすくなります。

ただし、[ホーム] タブ→ [段落] グループの「均等割り付け」のボタンは「段落」グループにありながら、選択の仕方で「段落」と「文字」のそれぞれに対して機能が働きます。

▶ 均等割り付けボタン

段落

「段落」の均等割り付けは、段落の幅にあわせて文字を均等に配置しますので、タイトルによく使用されます。段落内にカーソルを置き「均等割り付け」ボタンをクリックすると、文字を1行の幅に均等に配置します。1行の文字数（標準では40文字）の中に等間隔で文字が配置されます。

第 4 回 □新入社員教育シンポジウムのご案内↵

文字

「文字」の均等割り付けは、文字数を指定して文字幅をそろえるときに使用します。異なる文字数の単語をそろえたり、アルファベットと漢字や仮名の幅をそろえたりと頻繁に使用されるので、必ず使えるようにしましょう。Spaceでは調整できない文字幅もすばやくキレイにそろえることができます。

　設定したい文字を選択して「均等割り付け」のボタンをクリックすると、現在選択した文字を「何文字分の幅にしたいか」文字数で指定できるようになります。ただし、行末にある文字を均等割り付けにする場合は、改行のマークは一緒に選択しないで、文字のみを選択するように注意しましょう。

　ちなみに、設定した文字を選択すると、水色の下線が表示されます。これは、編集記号なので印刷はされません。

▶ 箇条書きの項目の文字幅をそろえる

▶ 署名の文字幅をそろえる

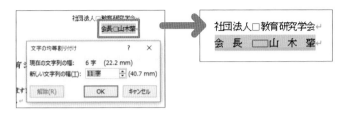

Column

MS P明朝とMS明朝の違い　　　　W X

　あなたは「MS P 明朝」と「MS 明朝」の違いをご存知でしょうか？一見同じフォントに見えますよね。じつは「P」がつくフォントは「プロポーショナルフォント」といって、文字間を自動調整しているのです。よって、プロポーショナルフォントを使用すると「文字の均等割り付け」の文字数がそろわなくなる場合があります。フォントを変更してからそろえるようにしましょう。

▶ MS P明朝で11文字にそろえた場合

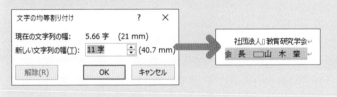

実践

「インデント＋均等割り付け」でタイトル・表を文字調整する　　W

　資料のタイトルは中央揃えにすると、目立ってわかりやすくなりますね。さらに文字間隔をゆったりと広げると、より強調されます。

もちろん、文字幅を広げるために1文字おきにスペースを入力するのは NG。キレイに編集するには、均等割り付けとインデントを組みあわせて使用します。そうすることで、あとからタイトルの文字数が変更になっても文字間隔は自動で調整されるのです。

「均等割り付けだけじゃダメなの？」

　と思うかもしれませんが、段落内にカーソルを置き「均等割り付け」をした場合、タイトルが広がりすぎてしまいます。よって、左右を字下げすることで、タイトルの幅を調整するのです。段落の詳細設定から左・右のインデントを設定し、段落の文字数を減らしましょう。
　ルーラーのインデントボタンをドラッグしても左右のインデントは設定できますが、ドラッグでは微妙な狂いが出てしまいます。数値で指定してキッチリとあわせてすばやく処理します（121ページ参照）。

▸「均等割り付け」だけだと文字間が広がりすぎる

第 4 回　新入社員教育シンポジウムのご案内

▸ 左右のインデント（5文字）を設定して、均等割り付けする

第 4 回　新入社員教育シンポジウムのご案内

　このインデントと均等割り付けの組みあわせは、表内の項目を手早くキレイに配置する場合にも使用します。セル内で均等割り付けを設定しただけでは、セルの幅によっては文字同士が遠くなり読みにくくなるの

で、インデントも利用しましょう。

▶ 表中の項目に均等割り付け＋インデントを設定する

日　　時↵	令...
会　　場↵	教...
参 加 費↵	会...
	当...
申込方法↵	参...
申 込 先↵	祉...
	FA...

実践

Excel 資料のタイトル配置　　　　　　　　　　　　 X

　Excel の場合も、タイトルに均等割り付けとインデントを活用することで、かんたんに文字を配置できるうえに、修正をかけても文字幅が狂うことがありません。もちろん、タイトルだけではなく表の項目にも活用できます。

▶ 均等割り付けとインデントを設定した例

①タイトルのセルを選択し、[Ctrl]+[1]でセルの書式設定を開きます

②［配置］タブ→「文字の配置」から横位置を「均等割り付け（インデント）」、インデントの文字数（任意）を入力しOKをクリックします

タブによる文字配置を習得しよう　　W

2章で、文字と文字の間隔をあけて配置をそろえる場合は[Space]ではなく、[Tab]を使用するように、と紹介しました。文書編集においてタブの機能は頻繁に使用します。さまざまな使用方法をキチンと理解しておきましょう。

タブ（→）は文字を飛ばす機能です。基本的に[Tab]を1回押すと、ルーラーの「4文字目」に文字が配置されます（2回押すと8文字目）。これは「タブとリーダー」ダイアログの既定値が「4字」になっているためであり、変更できます。

しかし、常に4の倍数の位置で文字が配置されてしまうと、文字間が開きすぎたり狭すぎたりしてしまいますね。そこで、「タブマーク」をつけることで自由に文字と文字の間隔を調整できるのです。そろえたい段落を選択し、文字をそろえたい位置を決めて、ルーラーの数値の下をクリックすると「左揃えタブマーク」をつけることができます。タブマークをつけた位置は左側の項目の文字数が増えてもズレることはありません。

▶ タブマークをつけて文字を配置する

タブマークを使った調整方法のポイントは、以下の3つです。

Tab キーは連打しない

Tab を1回押すこととルーラーにつけるタブマークは1セット。何度も Tab を押すとタブマークを飛び越えて文字が配置されてしまいます。

タブマークをつけるときには、必ずそろえたい段落をすべて選択する

選択せずにマークをつけると微妙に文字位置が狂ってしまいます。せっかくタブ機能を使用してるのに、イライラしてしまうのはもったいないですね。設定したタブがそろわないときは一度すべてのタブマークを削除してキチンと選択してからやり直しましょう。

不要なタブマークは削除する

いくつもタブマークをつけても一番左にあるタブマークしか有効になりま

せん。不要なタブマークがルーラーにたくさんあると文字位置が狂う原因となるので、ルーラーの外にドラッグしてタブマークを削除しましょう。

▶ 余計なタブマークをドラッグして削除

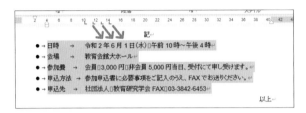

実践

タブマークをまとめて一括削除する　　　　　　　　　　　　　W

　タブの設定位置が異なる段落を一緒に選択すると、ルーラーのタブマークがグレーアウトしてしまいます。これでは不要なタブマークがどの段落にあるのかわからず削除できません。段落ごとに確認しながら削除するのはめんどうなので、まとめてすべてのタブを削除して再設定しましょう。

▶ ルーラーのタブマーク（左：通常表示、右：グレーアウト）

　すべてのタブを一度にクリアにするには削除したい範囲を選択し、「段落」のダイアログ→「タブ設定」をクリックし、タブの設定画面の「すべてクリア」ボタンをクリックします。

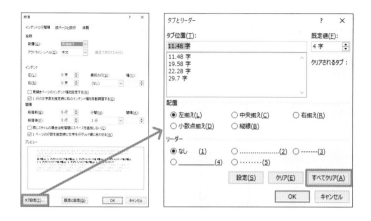

実践

複雑な箇条書きを調整してみる　　　　　W

　箇条書きの内容が2 ～ 3行と複数行ある場合は、項目と内容の位置調整が複雑になります。たとえば、以下の例を見てみましょう。

　参加費・申込先の2行目は Shift + Enter で「段落内改行」（16ページ参照）をしています。つまり、いずれもすぐ上の行とおなじ段落です。申込方法は内容の文字数が多く自動改行で2行になっています。

どれも同じ段落内の2行目となるので、ぶら下げインデント位置に2行目の文字の先頭がきていますが、これらは「内容」の行頭にあわせたほうがキレイですね。箇条書きや段落番号を設定すると、段落記号と文字の間に自動的にタブが入力されます。本来であればタブとルーラーのタブマークは1セットですので、段落記号の後にあるタブのマークはルーラーの4文字の位置になくてはなりません。が、ぶら下げインデントが自動設定されることで、項目の文字の位置と2行目以降の文字位置がそろい、タブマークが省略されてしまいます。各段落の2行目を1行目の内容の位置にそろえるためには、以下の手順で操作しましょう。

　まず、ぶら下げインデントの位置をタブマークの位置にドラッグして移動します。自動で入力されている「段落記号の後のタブ」の文字位置がタブマークの位置となります。

▶ ぶら下げインデントをタブマークに移動

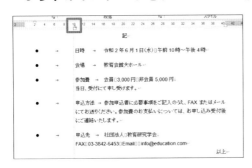

　同じ段落の中にタブが2回入力されているので、タブマークも2つなければいけませんね。最初のタブを止めるためのタブマークをルーラーの4文字の位置をクリックして設定しましょう。最初のタブは箇条書きのためのタブマークで文字がそろい、2つ目のタブはぶら下げインデントと同じ場所にあるタブマークで文字がそろいます。

▶ 箇条書きマークのあとのタブマークを設定する

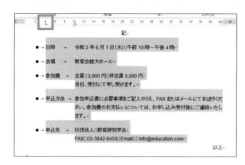

　これで、段落の文字数がいくら増えても、減っても、2行目以降の文字はキレイにそろいます。

　箇条書きの設定では、記号の後に「タブ」が挿入され「ぶら下げインデント」で文字位置を調整しています。同じ段落内に複数のタブを使用する場合は、それぞれのタブにルーラーのタブマークを設定する必要があるということです。

　手順をわかりやすくまとめると以下のようになります。

①調節したい箇条書きを選択
②項目／内容をそろえるためのタブマークをルーラーにつける
③段落の2行目以降が1行目の内容にそろうように、ぶら下げインデントを②のタブマークの位置にドラッグして移動
④記号の後の項目をそろえるためのタブマークをルーラーにつける

実践

タブを駆使して、さまざまなそろえ方に対応する　　　

　ビジネス文書では箇条書きでタブの機能を使用しますが、ほかにも、

いろいろなケースでタブを設定する必要が出てきます。「左揃えで文字をそろえる」以外のタブ設定は、ルーラーからではなくタブの設定画面からおこないましょう。

右揃えでそろえる

　たとえば、次の図のように段落末尾の「円」にそろえたい場合は「右揃えタブ」を使用します。

▶ 右揃えタブで段落の末尾をそろえる

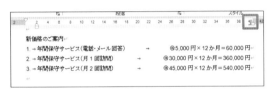

①そろえたい段落を選択し、[ホーム] タブ→ [段落] グループ右下の矢印から「段落の設定」ダイアログを表示します

②「段落の設定」ダイアログの左下にある「タブ設定」をクリックします

③「タブとリーダー」ダイアログのタブ位置にそろえたい文字位置を入力します

④配置から「右揃え」を選択します

⑤設定ボタンをクリックし、枠内に設定された文字数が表示されているのを確認し、OK ボタンをクリックします

小数点でそろえる

　小数点以下の桁数が違うときは小数点をそろえたほうがわかりやすくなりますね。そんなときは「小数点揃えタブ」を使用します。タブを使用した文字間は空白となりますので、見やすくするためにリーダーを挿入してもいいですね。

▶ 小数点揃えタブで、数値の小数点をそろえる

　手順は先ほどの①〜③まで一緒です。

④配置から「小数点揃え」を選択します

⑤任意のリーダーを選択します

⑥設定ボタンをクリックし、枠内に設定された文字数が表示されているのを確認し、OK ボタンをクリックします

文字のおわりまで、しっかりそろうように意識しよう

W

　文字がたくさん入力されている資料（マニュアル・契約書・企画書・論文など）の場合、行頭の文字位置のほかに行末の文字がデコボコしているものがあります。レイアウトで文字数も決められているし、フォントも特別に変更していないのに行末が微妙にそろっていない資料です。資料作成では、行頭だけでなく、行末もキレイに文字がそろっていなければなりません。

　ところで、あなたは「左揃え」と「両端揃え」ボタンの違いって、気にしていますか？
　この2つのボタンはどう違うのだろうと思ったまま、あまり気にせずスルーしていませんか？

▶ [ホーム]タブ→[段落]グループのコマンドボタン

　左揃えボタンは段落の文字列を左に詰めて配置します。フォントの種類によっては1行40文字といっても、微妙に行末のスペースが空いてしまうことがあるのです。

　両端揃えボタンは、1行40文字の文字を均等割り付けして配置します。フォントの種類にかかわらず行末は必ず「40文字」の位置に配置されるのです（ただし、前述の「段落の均等割り付け」とは異なり、文字数が少ない場合は均等割り付けにはなりません）。複数行の段落の行末は自動で調整されます。見比べてみると資料の美しさの違いがはっきりとわかります。

▶ 左揃えの段落と両端揃えの段落

　段落の初期値では「両端揃え」に設定されていますが、ついうっかり左揃えのボタンをクリックして左揃えの段落にしてしまうと、複数行の文章の場合、行末がデコボコになってしまうわけです。このボタンの違いを知っていれば、ムダな時間を費やすことなく、行末のデコボコも1クリックでキレイにそろえることができますね。

表計算で見栄えをヘタに整えると「使えない」資料に　X

　Excelでよく使用される機能に「セルを結合して中央揃え」という機能があります。とてもかんたんでキレイに配置できるので表題などで多用している方も多いことでしょう。次の表はとてもキレイに作成されていますね。

2019年		第1四半期			第2四半期			第3四半期			第4四半期			年間合計
		4月	5月	6月	7月	8月	9月	10月	11月	12月	1月	2月	3月	
営業1課	平木	324	305	330	384	294	320	308	298	304	234	275	267	3643
	佐々木	264	351	324	324	324	276	324	260	261	189	307	295	3499
	田中	320	298	315	369	346	297	309	196	254	195	258	287	3444
営業2課	伊藤	287	264	345	356	305	304	296	245	302	296	285	298	3583
	芹田	410	199	315	356	293	299	311	201	286	311	275	218	3474
	武藤	325	321	305	331	305	287	309	268	216	318	205	246	3436
営業3課	葛城	352	346	248	347	301	294	327	215	235	305	318	281	3569
	島田	220	289	297	366	305	326	306	256	289	321	296	296	3567
	鈴木	280	310	295	387	298	296	315	195	258	359	267	285	3545

　ところが、この表、見た目はキレイでも、とても使い勝手が悪い表です。

　たとえば、表を見ると「第1四半期」～「第4四半期」のセルが3列ずつ結合されています。ここで「C列をサクッと選択したい！」とショートカットキー（Ctrl＋Space）で列選択すると、3列（C・D・E）が同時に選択されてしまいます。

　また、A列が課名ごとに結合されているので「年間合計」で数値の多い順に並べ替えることもできません。

▶ 一見キレイでもヘタに結合すると操作できなくなる

　そのほかにも、

・データ抽出のフィルタが使えない

・データを結合されたセルに貼りつけると書式がなくなる

・列数の異なるセルへデータを貼りつけると書式がなくなる

・結合されたセルのデータを1列左隣のセルに貼りつけるとエラーになる

　といった不具合が起こります。それでは、表計算の資料はどうやって見栄えを整えればいいのでしょうか？

　データ入力をしない列や行・不要な結合が存在する表は再編集がしにくいので、最低限の列数、行数で作成します。

　たとえば、請求書を例に考えると、列数・行数のムダを省くことですっきりとし、どこの列にデータを入力すればよいか、わかりやすくなります。

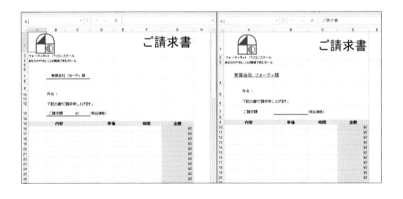

左の請求書

・内容や単価を入力する列が複数列ありどこに入力すればいいかわかりにくい

・ムダな行が多く、行間を開ける調整に手間がかかる

・宛先を結合してセルの下線を引いているため宛先が長くなると列からはみ出し下線が切れる

右の請求書

・ムダな列がなく入力セルがわかりやすい
・ムダな行がないため行間の調整がしやすい
・宛先は文字の下線を使用しているため、文字数に関係なく下線が引かれる

結合を使わず、文字を複数列の中央に配置する | X

　どうしても複数列の中央に文字を配置したい場合は「セルを結合して中央揃え」ではなく、「選択範囲で中央」を使用するようにしましょう。

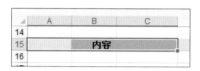

①中央に配置したい複数セルを選択します
②[Ctrl]+[1]でセルの書式設定を表示します
③［配置］タブ→「文字の配置」→横位置を「選択範囲内で中央」を選択し、OK ボタンをクリックします

図を美しく配置する
コツをおさえる

「やや上昇傾向にあります」
「お得です！」
「たくさんの人がご来場くださいました」

　このように文字で書かれていても、それがどのくらいの上昇・お得・状況なのかあいまいで伝わりません。上昇しているグラフ、図形で強調された割引率、人がたくさん集まっているイベント写真のように、具体的にグラフや数値、写真などで表現したほうがより伝わりやすくなりますよね。

　このように、資料作成では文字だけではなく図（画像・図形・グラフ・フローチャートなど）を使用して、わかりやすく表現することは必須です。しかし、文字列と図の配置のバランスがバラバラになってしまうと、かえって読みにくくなります。効果的に使うはずの図で資料がゴチャゴチャになってしまっては、意味がありません。図をキレイに配置するコツをおさえましょう。

Wordでできる７つの配置方法 　　　　W

　資料内で図を配置するときに必ず押さえておきたいことは「図と段落の関係」。Wordではここでも「段落」が重要な意味をもちます。何気なく挿入している図はすべて段落と紐づけられるのです。

　たとえば、段落の文字が1文字だけ大きいとその分行間が広がりますが、図を挿入したときも同じイメージです。次の図ではネコの画像が「行内」に配置されているため、レイアウトが崩れてしまっていますね。

▶ 文章中に図を「行内」で配置する

　では、ほかにどのような配置方法があるでしょうか？ Word には次図で示すように「行内」含めて7種類の配置方法があります。

▶ 折り返しの種類と配置

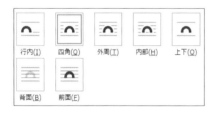

・上下：図形の左右に文字を配置したくない

　→文字を折り返したときに左右に余白を作ります

・背面：文字の背面に配置して透かしのように挿入したい

　→図形の色が濃いと文字が見えなくなるため、図形の明るさ調整が必要です。すべてのページに透かしを入れる場合は「透かし機能（175ページ参照）」を使いましょう

・前面：段落に関係なく自由に配置したい

　→余白など自由に図を配置できます。文字と重なると文字が読めなくなります

　図の形に沿って文字列を折り返したい場合は、「四角」「外周」「内部」の3

つの配置法があります。これらを選択した場合、左右の折り返しを変更できます。

・四角：図を選択したときに表示される四角の枠に沿って文字を折り返したい
・外周：図の輪郭に沿って文字列を折り返したい
・内部：図の輪郭内部にまで文字列を表示したい（「内部」を指定して折り返し頂点を変更できます）

「外周」「内部」を使用すると図の近くまで文字を配置できますが、資料全体が煩雑な印象になります。通常の資料作成の場合は、「外周」「内部」を使用する必要はないでしょう。

　よって、資料の中に図を配置するときは「四角」を活用します。「四角」は図を文書内のどこに配置しても自動的に文字が図をよけて配置されますので、文字が図と重なって読めなくなったり、文字が欠けてしまったりすることはありません。

　さらに、図の周りに配置される文字と図との間隔を広げたり狭めたりすることでレイアウトのイメージを変化させることができます。

▶ **上下左右を10mmに設定した場合(左)、**
　上下0mm・左右5mmにした場合(右)

　また、レイアウトを「四角」で配置した図の場合、文字の折り返しも変更

できます。

▶ 文字を「左側」で折り返した場合(上)と「右側」で折り返した場合(下)

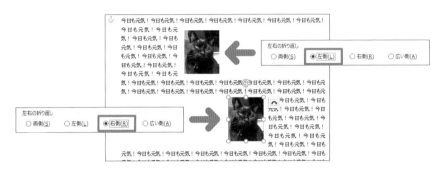

文字列の折り返しの処理方法　　　　　　　　　　　　　　　　　　Ｗ

挿入した図の配置を変更する

　図を選択した際に、右上に表示される「レイアウトオプション」ボタンから変更します。

図と文字列との距離を変更する

①レイアウトオプションの右下にある「詳細表示」をクリックして「レイアウト」ダイアログを表示します（または、図を右クリックして表示されたショートカットメニューから「レイアウトの詳細設定」をクリック）

②文字列の折り返しタブをクリックし「文字列との間隔」に数値を入力します

図に紐づけられた段落を示す「アンカー」　W

「文章を消していたつもりが、はなれた位置にある図も消えてしまった！どうして？」

先ほども述べたように図はすべて「段落」と紐づけられます。消えてしまった図は、消した段落と紐づいていたのでしょう。挿入した図が「どこの段落に紐づけられているか」を確認するためにはアンカーと呼ばれる編集記号に注目します。

▶ 錨マークの「アンカー」

　このアンカーのしくみも理解しておく必要があります。さきほど説明した7つの配置方法のうち「行内」に配置された図はその段落内にあるわけですから、アンカーは表示されません。「行内」以外のレイアウトオプションを設定した図は、どの段落に図が紐づけれられているかを示すアンカーが表示されます。
　選択して削除した段落にアンカーがあると、画像も一緒に削除されてしまいます。

▶「アンカー」で図が紐づいている段落がわかる

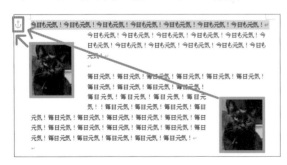

「その段落は削除したいけど、図は削除したくない……」

という場合は、アンカーをドラッグして別の段落へ移動させましょう。すると、図の紐づけ先を変えることができます。

すばやくキレイなフローチャートを作成するには

図入りの資料を作成するときに、もう1つ大切なことがあります。それは「図の作成・整列」。たとえば、複数の写真を並べたり、フローチャートを作成したりするときに、

・図形のサイズが微妙に異なる
・配置がデコボコになっている

これでは、せっかくの資料も台無しです。キレイに作成・整列させるために次の3点をおさえましょう。

左右対称の図を描画する

正円や正方形のように左右対称の図形を描画するときには、Shift を押しながらドラッグするとキレイに作成できます。

「コピー」を多用する

同じ図形をドラッグで描画するとサイズが異なります。できるだけ作成する図形は少なくし、図形の色や線、サイズを完成させてからコピーするとフローチャートもかんたんに作成できます。さらに水平／垂直（Ctrl + Shift +ドラッグ）にコピーすれば、配置の手間もかからなくなります。

▶ 図の書式を設定してからコピーする

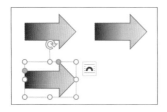

　フローチャートを作成したり、複数の現場写真を整列して配置したりと、図を狂いなく配置したいときには図を選択すると表示されるタブ（[図の形式] タブ、[図形の書式] タブなど）の [配置] グループにある「配置」ボタンを使用します。複数図形を整列させるには、基準を決めて配置するようにしましょう。

▶ 「左右中央揃え」+「上下に整列」で図をキレイに配置する

　キレイな図形をすばやく作成・配置して説得力のある資料に作りあげていきましょう。

書式は統一したルールにして
読み手を惑わせない

資料作成では「全体の統一感」も重要となります。

やたらと色数が多く落ちつかない。
見出しの書式がページごとにバラバラでそろっていない。
太字にしたり、赤字にしたり、強調が統一されていない。

などなど、相手が読む気にならない資料を作成していては意味がありませんね。しかし、ページが膨大な資料を作っていると、なかなか統一させることは難しいものです。ソフトの機能を活用して短時間で、統一感のある資料作成ができるようにしておきましょう。

決められた「配色」から色を選ぶようにする　W X

ソフトにはデザインのスタイルがあらかじめ設定されています。使用する色の組みあわせが決められているので、その中の色で資料をまとめるようにすると全体の統一感が損なわれません。

「色の組みあわせに自信がない……」
「表のデザインをもっとスタイリッシュにしたい！」

と思っている方も手軽に作成できます。
　Word も Excel も全体のイメージを決めるにはテーマの「配色」を使用します。図形やグラフなどの図、表のスタイルほかの色の組みあわせがセット

になっていますので、作成する資料にあわせて配色を選択しましょう。

・Word：［デザイン］タブ→［ドキュメントの書式設定］グループから「配
　　　色」
・Excel：［ページレイアウト］タブ→［テーマ］グループから「配色」

▶ **配色の設定（左：Word、右：Excel）**

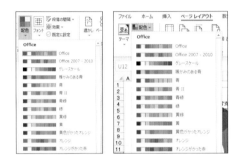

　ここで選択した配色は、グラフや表、図、テキストの色に反映します。

▶ **設定した配色がグラフに反映（Excel）**

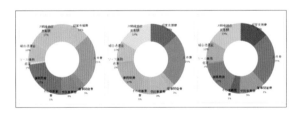

「見出し」の書式を統一する　　　　　Ｗ Ｘ

　長文編集では、章・節・項見出しなどを用いて構成をわかりやすくします。

その見出しの書式はしっかり統一すると、内容が整理され理解しやすくなります。たとえ、ペラ1枚の分量が少ない資料でも同じことが言えます。さらに、Excelの表でも、

「どれが項目で集計値がどこにあるのか」
「手入力のデータがどれで、計算式なのはどれか」

　など、「瞬時に理解できる表」を作成することは、資料のわかりやすさを左右する重要な観点です。そのために、項目や「計」のセルなどに「統一された見出しの書式」を設定すれば、資料の理解度をグッと上げることができるのです。

「そうはいっても、ページ数が多いと書式を統一させるのはたいへん……」

　じつはWordもExcelも1つひとつ書式を変えなくても「スタイル」の機能を使用すればかんたんに設定できます。以下の手順で一括設定しましょう。

Word
①段落を選択して書式を設定します
② ［ホーム］タブ→ ［スタイル］グループの「見出し2」を右クリックします
③「選択個所と一致するように見出し2を更新する」をクリックします

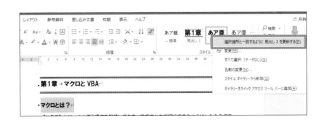

④同じ書式を設定したい段落を選択して、スタイルの「見出し2」をクリックすると書式が反映されます

▶ 見出し2で設定した書式が、選択した段落に反映される

　このように一旦設定してしまえば、もし「書式をやっぱり変更したい！」となったときも、先ほどの①～③の手順で、「見出し2」が設定されているすべての見出しが同じ書式に更新されます。

Excel

①タイトルのセルを選択します

②［ホーム］タブ→［スタイル］グループの「セルのスタイル」をクリックします

③「見出し2」をクリックすると書式が設定されます。同じように「計」のセルに「集計」のスタイルを設定しましょう

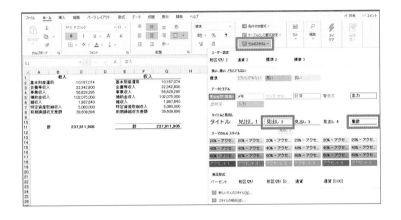

実践

「条件付き書式」で瞬時に設定する | X

　作成した表は「何を伝えるために作成したのか」を示すためにもセルを強調することは重要です。そこで、「条件付き書式」を使用するとデータに応じて自動的に書式を反映させられます。

　たとえば、支社別月売上集計も「各月の最高売上はどこの支社なのか」を条件付き書式で自動的に目立たせることができます。

①データの範囲を選択します

②［ホーム］タブ→［スタイル］グループから「条件付き書式」をクリックし、表示されたメニューから「新しいルール」をクリックします
③「指定の値を含むセルだけを書式設定」をクリックします
④条件を設定します
⑤書式ボタンをクリックして、塗りつぶしの色を設定したら、OK ボタンをクリックします
⑥書式ルールの編集画面に戻ったら OK ボタンをクリックします

　例示した表の場合、④のルールは次のように設定しました。

　MAX 関数とは最大値を求める関数。指定した範囲の中で一番大きなデータを見つけます。最大値を求める範囲は、1月の範囲（B列）、2月の範囲（C列）、3月の範囲（D列）、4月の範囲（E列）それぞれの売上の中から探すことで各月の最大値が求められますね。よって、

・B列（最初の列）で数式を組み、E列まで変化させる
　→列番号は「相対参照（$ はつけない）」
・3行〜 7行目の行数は毎月同じ
　→行番号は「絶対参照（$ をつける）」

　条件付き書式は、セルのデータに応じて書式が反映しますので、売上の金額が変わることで自動的に書式が適用されるセルも変化していきます。

「書式のコピー」でスタイルを使いまわす

W X

先ほどの例と同様に5月～8月のデータを作りたいときはどうすればいいでしょうか?

表をコピーして貼りつけた場合、再度スタイルや条件付き書式の設定が必要です。ただ1から再設定するのは、さすがにめんどうですね。そんなときは「書式のコピー」を使用することでかんたんに書式を統一できます。

①書式が設定されている表を選択します
② [ホーム] タブ→ [クリップボード] グループから「書式のコピー／貼りつけ」をクリックします
③書式を設定したい表を選択します

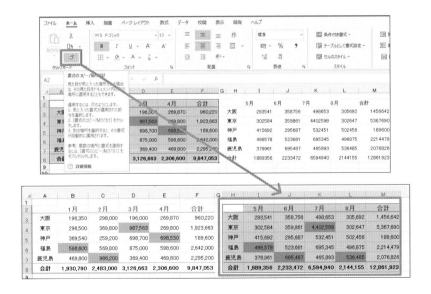

編集の最後に もう一度「印刷」を考える

　2章の最初に、用紙のサイズや余白の調整・印刷を設定しましたね。

　しかし、実際に文字を入力して作成してみると、うまくページに収まらないケースも出てくるでしょう。だからといって、ヘタに1ページに収めようと余白を変更すると、せっかくキレイに作成していた資料全体のレイアウトが狂ってしまいます。

　そこで、全体のレイアウトを設定し直すのではなく、「行単位」「ページ単位」で微調整をしてキレイに印刷しましょう。

行からはみ出した1文字、ページから はみ出した1行でイライラしていませんか？ W X

　資料作成をしていて、

「1文字だけ次の行になってしまう……」
「どうしても1行だけ次のページにはみ出して、1ページに収めることができない！」

　ということがあるでしょう。そのとき、不要な行を削除してみたり、ひらがなを無理やり漢字に変えて文字数を調整してみたりとムダな時間を費やしてしまいませんか？

　じつは Word・Excel の機能を使えば、次のような文字や行などはかんたんに調整できてしまうのです。

・Word：行からはみでた文字、ページからはみでた行
・Excel：セルからはみでた文字、印刷時にページからはみでた行・列（く
　　　　わしくは次節で解説します）

次の調整方法をしっかり身につけて、読みやすい資料を作成しましょう。

実践
はみだした文字／行を調整する

　余計な文字・行をなくすために、ページレイアウトで1行の文字数や
1ページの行数を指定しましょう。

① ［レイアウト］タブ→［ページ設定］グループの右下からページ設定
　のダイアログを表示します
②文字数と行数の指定から「文字数と行数を指定する」にチェックを入
　れて、次のように指定します

・行から1文字はみ出す場合：文字数を増やす
・ページから1行はみ出す場合：行数を増やす

ちなみに、フォントの種類で「游明朝」を使用した場合、標準設定で

38行以上に設定すると行間が広がりレイアウトが崩れてしまうので注意が必要です。その場合は以下のように対処しましょう。

　文書全体を選択し、行間を固定値、間隔を17.75Pに設定する（「ページ設定ダイアログ」の行送りと同じ値）。

▶ 段落ダイアログの「間隔」(上)とページ設定ダイアログの「行送り」(下)を一致させる

　ただし、ここで変更した文字数や行数は文書全体に反映されます。1行の文字数を変更したことで、ほかの段落に影響が出る場合は、特定の段落のみで文字間隔を調整しましょう。

① ［ホーム］タブ→［フォント］グループのダイアログ表示ボタンをクリックして「フォント」のダイアログを表示します
②文字間隔を「狭く」、間隔「0.5pt」に変更します

▶ 通常の場合(上)と文字間隔を「狭く」、 間隔を「0.5pt」にした場合(下)

新企画として、働く夫婦に向けた家事労働共有の提案イベントを開催いたします。対象は男性です。↵

新企画として、働く夫婦に向けた家事労働共有の提案イベントを開催いたします。対象は男性です。↵

実践

セルからはみだした文字を調整する　　　　　　　　　　　　　　| X

　セル内に文字を収めたい場合は、「縮小して全体を表示する」と「折り返して全体を表示する」の2つの設定を切り替えて表示させます。

　まず、列全体を選択し「セルの書式設定」ダイアログから「配置」タブをクリック。文字の制御を「縮小して全体を表示する」にチェックを入れれば、列幅に文字が収まります。

　ただし、セルによっては、文字数が多いことで、縮小率が大きくなり文字が読みにくくなっているでしょう。そんなセルのみ、「折り返して全体を表示する」ボタンを使用します。「折り返して全体を表示する」

第3章

「ちょっとくらい文字や図がズレてもいい」をやめなさい～ビジネスにふさわしい整然とした見栄えにする

159

ボタンは［ホーム］タブの［配置］グループからいつでも設定解除ができます。

▶「折り返して全体を表示する」ボタン

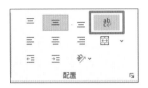

　なぜこのような手順で切り替えるか、というと「縮小して全体を表示する」はわざわざ書式設定ダイアログを開かなければ設定できないため。また、列全体に「折り返して全体を表示する」を設定してしまうと、「縮小して全体を表示する」と同時設定ができなくなるためです。

　必ず「縮小して全体を表示する」設定をしたうえで、「折り返して全体を表示する」を設定するようにしましょう。

▶ セル内に文字をおさめる方法

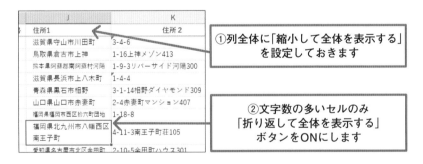

印刷設定で表をキレイに出力する X

　作成した資料は「印刷するもの」と「印刷しないもの」にハッキリわかれます。Excel で作成したデータ資料は印刷しないケースも多いですが、

「サイズを考えずに作成してしまったけど、急遽印刷することになった！」

　ということもあるでしょう。そんなとき表の印刷で問題になるのは、おもに以下の3点です。

・表の1行1列が別ページにはみ出している
・表の項目が2ページ目以降に印刷されていない
・罫線の太さが異なったり罫線が抜けたりしているところがある

　このような印刷をしないために、どんなときも慌てず手早く対処できるようにしておきたいですね。これらは「印刷設定」で調整できます。

実践

作成した表を1ページ内に収めて印刷する

　［ファイル］タブ→「印刷」から調整できます。「拡大縮小なし」を以下に変更しましょう。

・行が収まらない：「すべての行を1ページに印刷」
・列が収まらない：「すべての列を1ページに印刷」
・行も列も収まらない：「シートを1ページに印刷」

　このようにすることで、列・行の自動縮小がかかり、1ページに収め

ることができます。ただし、表の作りによっては文字が小さくなりすぎるケースがあるので気をつけましょう。

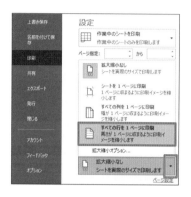

実践

2ページ目以降も表の「項目行」を表示させる | X

　表が大きく複数ページになる場合、フィールド（項目行）が2ページ以降に表示されません。すべてのページに自動でフィールドを印刷できるように設定します。

① ［ページレイアウト］タブ→［ページ設定］グループから「印刷タイトル」をクリックします

② 「ページ設定」ダイアログの「シート」タブを開きます

③タイトル行の枠内にカーソルを置き、ワークシートの1行目を行選択
　します

④タイトル行の枠内に1行目が絶対参照で表示されたら、OK ボタンを
　クリックします

▶ **次ページも先頭行に項目が表示される**

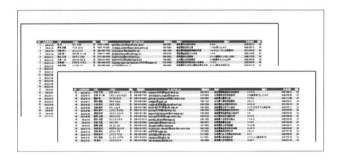

実践

印刷時に罫線を表示させる　　　　　　　　　　　　　　　　　　　X

　印刷の必要がないと思ってデータ入力のみしていた表の場合、そのま
ま印刷すると罫線がなくデータが見にくくなります。いちいち罫線を引
いて印刷しなければならないなどの手間がかかります。印刷時のみ罫線
が印刷されワークシート上では罫線の設定がいらない便利な印刷方法
があります。

［ページレイアウト］タブ→ ［シートのオプション］ グループの枠線の
「印刷」にチェックを入れます。

▶ 「枠線を印刷」に設定して印刷

データの追加があっても、罫線を引き直す必要がなく、手間がかかり
ません。

すべてのページに一括設定される 「ヘッダー・フッター」を利用する

資料の印刷時には、上部余白（ヘッダー）、下部余白（フッター）も気を
配る必要があります。ヘッダー・フッターに設定した内容は、

「文書のすべてに印刷される」

という利点があります。よって、資料のタイトルや作成者・ページ番号を設定しておくことで1つの資料としてまとめて管理できます。資料がバラバラになってもフッター・ヘッダーの内容で見分けることができるようになりますね。

たとえば、会議の配布資料作成時などに複数ページの資料がバラバラと印刷されてしまっては、綴じるのにも時間がかかります。キチンと「ページ番号」を設定し部単位で印刷しましょう。ほかにも、ヘッダー・フッターに以下のような情報をいれると、便利です。

文書管理番号、日付

日付の印刷で気をつけなければいけないことは、ヘッダー・フッターに日付を自動挿入した場合は常にファイルを開いた日が表示されます。固定の日付を印刷したい場合は自動挿入を使用せず、手入力する必要があります。

資料データが保存されているフォルダとファイル名

保存先を印刷することで、データを共有しやすくなります。赤ペンが入った印刷資料を渡されて修正依頼がきたとき、そのデータの保存先が記載されていればすぐにファイルを開くことができます。

会社のロゴマーク

資料内の全ページの同じ位置にロゴマークを挿入したいときは、各ページに画像を挿入するのではなく、ヘッダー・フッターを利用することで同位置にかんたんに挿入できます。ヘッダー・フッターの編集から Excel は「図の挿入」、Word は「画像の挿入」を使用します。

実践

Word のヘッダー・フッターの設定　　　　W

［ヘッダーとフッター］タブ→［挿入］グループから、日付やドキュメ

ント情報（パス名・ファイル名・作者など）・画像などを自動挿入でき
ます。ただし、表紙に挿入されているページ番号を削除し2ページ目か
ら「1」と表示したい場合は、以下の手順で挿入しましょう。

①［挿入］タブ→［ヘッダーとフッター］グループから「フッター」を
　クリック
②フッターの編集をクリックすると「ヘッダーとフッター」タブが表示
　されます
③［オプション］グループの「先頭ページのみ別指定」にチェックを入
　れます
④［ヘッダーとフッター］グループ→「ページ番号」のページ番号の詳
　細設定をクリック

⑤ページ番号の書式ダイアログの開始番号を「0」に変更しOKをクリッ
　クします

実践

Excel のヘッダー・フッターの設定 　　　　　　　　　　　　　　X

　Excel は以下の手順でヘッダー・フッターを設定します。

① ［ページレイアウト］タブ→［ページ設定］グループの右下矢印ボタ
　ンから「ページ設定」ダイアログ（または［ファイル］タブ→「印刷」
　→「ページ設定」）を表示します
② ［ヘッダーとフッター］タブをクリックします
③ヘッダーの編集、フッターの編集は同じです。挿入したいボタンをク
　リックしましょう

▶ **ヘッダー・フッターへの自動挿入ボタン**

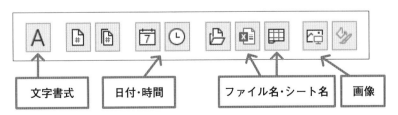

④挿入したい場所をクリックしてカーソルを置いたうえで、自動挿入の
ボタンをクリックします。「/」は手入力をします

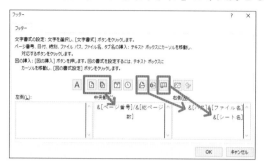

　Excel で表紙つきの資料などを印刷する場合、表紙にページ番号を印
刷しないためには、「先頭ページ別指定」にし、ページ番号の開始番号
を「0」にします。複数シートのページ番号を通し番号にしたい場合も、
この開始番号で指定するようにしましょう。

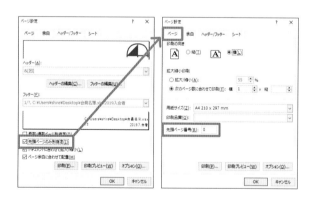

第 4 章

「自分だけが扱えればいい」をやめなさい

～だれでもどんな場面でも利用しやすい資料に仕上げる

仕事は1人ではできません。よって、資料は「共有」を前提に作成する必要があります。「自分1人だけがわかればいい」と作成した資料を共有して、あなたがチームの足を引っ張っているとしたら、メンバーからの評価も下がってしまいます。

「先方に渡す前にファイル情報を管理する」「ファイルを通じて意思の疎通をとる」「求めに応じた集計結果をすぐに伝達できるようにする」これらを意識して、資料作成をするようにしましょう。

あなたの資料、
ホントに共有して大丈夫ですか？

・企画書や報告書を社内で共有する
・提案書やデータ資料を社外の人と共有する

　……などのように、仕事は「複数の人」との共同作業。共有する前に資料内容だけでなく、以下の点も必ず確認しましょう。

・資料の中に含まれる「個人情報」を管理する
・資料の持つ「役割」をだれでもすぐにわかるようにする（サンプル、複製、社外持ち出し禁止、コピー禁止、大至急回覧、など）

資料そのものに含まれる個人情報を 必ず管理する　　　　　　　W X

　資料を渡すために相手の会社へ出向いたり、上司のデスクへ持っていったりということも、最近ではかなり少なくなってきました。取引先とはメールでデータのやりとりをし、社内の連絡事項もメールで伝えることが一般的です。さらには、いまやクラウドにデータを保存し共有する時代。便利になっている一方でセキュリティの問題も無視できません。

　あなたは資料のセキュリティをどのくらい意識しているでしょうか？

「資料にパスワードを設定しておりますので、下記パスワードにてご覧ください」

というファイルが添付されたメールをいただいたことがありました。セキュリティを考えてパスワードを設定したにもかかわらず、メールの本文にパスワードが記載されているのでは何の意味もありません。悪意のある外部の人間に資料を添付したメールを盗聴されてしまえば、もちろん本文に記載したパスワードも盗聴されてしまいますね。

また、複雑なパスワードが別便で送られてきても、毎回開くのに手間がかかりめんどうです。そのため、最近ではファイルをクラウドに保存して「特定の相手とだけ共有する」など、メール添付を使用しないデータ共有も多く使用されています。

「添付メール」のセキュリティ以外にも「ファイルそのものの情報」のセキュリティは見落としていませんか？

ネットからダウンロードしたテンプレートを使用すると、知らない会社の名前がファイルに残っている場合があります。また、退職した人や前任者が作成したファイルを使いまわしていると、いつまでも作成者にその人の名前が記載されたままになってしまいます。

知らない間にファイルに書きこまれてしまう個人情報をそのままにしておかず、自分で管理できるようにしておきましょう。

実践

作成者の個人情報がどう表示されるか確認する　　Ｗ　Ｘ

Word・Excel ともに、［ファイル］タブの情報から個人情報を確認できます。右側のプロパティには、作成者や更新者、ファイルの容量などが表示されます。

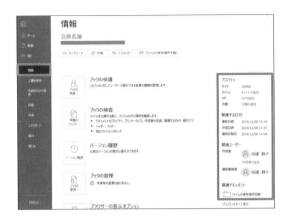

表示されている情報を編集したい

① 「プロパティ」→「詳細プロパティ」をクリックして、ダイアログを
　 表示します

② 「ファイルの概要」タブをクリックして、必要事項を入力して OK
　 ボタンをクリック。「情報」のプロパティに反映されます

個人情報をすべて削除したい

① 「情報」→「問題のチェック」から「ドキュメント検査」をクリック
　 すると「ドキュメントの検査」画面が表示されます

②検査ボタンをクリックすると検査結果が表示されます

③「ドキュメントのプロパティと個人情報」のすべて削除ボタンをクリックし、閉じるボタンで画面を閉じます

　以上の手順でプロパティに書きこんだ情報をすべて削除できます。これで、個人情報を含まないファイルとして使用できるようになるのです。

column

クラウドのメリット・デメリットを知って活用しよう

「データを共有したい」
「USB でデータを持ち歩くのが不安」
「ファイルのバックアップをとっておきたい」

　そんなときは資料をクラウドに保存しておくと、かんたんに共有・バックアップができます。さらに、USB でデータを持ち歩くと物理的に壊れてしまってデータが読みだせなくなってしまうこともありますが、クラウドに保存をしておけば USB のようにデータが壊れる心配は

ありません。

　資料をクラウドに保存する代表例として、

・Word や Excel と同じ製造元の Microsoft 社が提供する「OneDrive」
・Google 社が提供している「Google Drive」

　を利用することが挙げられ、以下のような特徴があります。

・無料で使用できるストレージ容量は、OneDrive が5GB、Google Drive が15GB
・OneDrive は Word・Excel のまま編集できる。Google Drive では Google アプリ（ドキュメント・スプレッドシート）で編集する
（第1章49ページ参照）

　双方の共通点は、両サービスとも、ネットにつながってるパソコン以外の機器（スマートフォン・タブレットなど）を使って、同じアカウントでログインをすれば、どこからでもアクセスできること。また、いずれもクラウド上で編集・更新からファイル共有までできるので、パスワードつきメールでデータをやりとりするよりも手軽にすばやく作業できることです。

　ただし、ネット環境がないとアクセスできません。かといって、出先で安易にフリー Wi-Fi などに接続してしまうと、データを読みとられてしまう危険もあるのでよく考えて利用してください。

▶ **資料作成によく利用されるクラウドの代表例**

透かしを入れて「資料の役割」を明確に   W X

　契約書のひな型作成や企画書の原案作成中に印刷してチェック・修正することもあるでしょう。そのとき、

「社内のチームに配布した資料が、まちがって社外に出てしまった！」
「まだ修正が必要なのに、先方に決定稿だと思われてしまった！」

なんてミスがおこらないようにしなければなりません。

　そのため、重要書類や見本書類などの場合は、印刷前に「透かし」を入れておくことをおすすめします。共有するファイルは相手にも資料の状態がはっきりわかるように、印刷しなくても「進行中」「参考資料」などの透かしを有効に利用するといいですね。

　さらに、透かし機能のメリットは挿入したテキストや図は「すべてのページの同位置に挿入される」ことです。たとえば、資料の背景に会社のロゴを挿入したいとき「透かし」として挿入すれば、通常の図の挿入と異なり「ページごと位置がズレて何度も調整する」という手間も省けます。そのうえ自動的に色が薄くなるので画像加工の手間すら省くことができるのです。

▶ テキストや画像の透かしを入れる

Word でテキストを挿入

① ［デザイン］タブ→［ページの背景］グループから「透かし」をクリックします

②一覧にあるものであれば選択するだけで挿入されます。一覧にない透かしのテキストを挿入したい場合は、「ユーザー設定の透かし」をクリックします

③テキストをチェックし、テキストの枠内の▽をクリックし一覧から選択、または任意の文字を入力します

④ OK ボタンをクリックすると文書のすべてのページに透かしが挿入されます

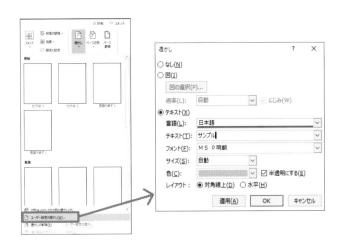

Word で図を挿入

　もし、会社のロゴなどを透かしとして挿入する場合は、「透かし」ダイアログボックスの「図」にチェックをして画像ファイルを指定すれば、色が薄くなり用紙の中央に配置されます。サイズが自動になっていると用紙の中央に大きく表示されます。サイズを指定する場合は、倍率で調整しましょう。

また、用紙の中央に配置された図を移動したい場合は、上部余白をダブルクリックしてヘッダー・フッターの編集に切り替えます。これで図をドラッグして自由に移動できるので、適切な位置に移動させましょう。編集が終了したら本文内をダブルクリックすることで、ヘッダー・フッターの編集が終了します。

Excel で図を挿入

①［表示］タブ→［ブックの表示］グループから「ページレイアウト」をクリックします

②ヘッダー領域をクリックして［ヘッダーとフッター］タブを表示します

③［ヘッダー／フッター要素］グループから「図」をクリックして、任意の場所から図を指定します（あらかじめ「社外秘」など文字の図を用意しておきます）

④「図の書式設定」をクリックし、［図］タブのイメージコントロールの

色から「ウォッシュアウト」を選択します

⑤ OK ボタンをクリックするとワークシートのすべてのページに透かし
が挿入されます

位置調整が必要な場合は「トリミング範囲」の「左」に正の値で図形が左
に、「上」に負の値で図形が下に移動します。

文字の図のほかに会社のロゴマークも同様に設定できます。

複数人で効率的に
ファイルを共有・編集するために

　たとえば、あなたがWeb掲載用の記事のために取材し執筆したとしましょう。それをWebメディアに掲載するまで原稿をだれとどのようにやりとりするでしょうか？

取材したWeb掲載用の原稿を作成し上司にチェックしてもらう
　　→修正原稿が戻ってくる
　　　→修正した原稿を取材先に送り内容の許可をもらう
　　　　→修正原稿が戻ってくる
　　　　　→再修正し上司に報告後、Webに掲載する

　場面は違っても、1つの資料を作成するために社内や社外の人とデータを共有するしくみはこれのくり返しでしょう。
　このとき「どこをどう修正したいのか」を相手に伝えるために、コメントや変更履歴を使用します。指示や修正を文字で伝えることで、口頭で説明するより齟齬もなく的確に修正できます。ここで大切なことは、

「変更履歴が残された資料を外部に出さないようにキチンと処理する」

　ということです。変更履歴の記録の仕方、処理の方法をしっかりと理解しておきましょう。

資料を推敲するときは、変更履歴を残す

W

　作成した資料を自分で見直して書き換えた、あるいはほかの人が再編集したあとに、

「○○さん、どこをどんなふうに修正したんだろう？」
「やっぱり変更前の内容に戻したい。けれど、いちいち書き直すのはめんどう！」

　と悩むことはありませんか？　たしかに変更した箇所は上書きしてしまうと、確認したり元に戻したりできなくなってしまいます。
　そうならないためには、あらかじめデータ上で「どこをどう変更したのか」わかるように「変更した履歴」を残して修正を入れましょう。「変更履歴」機能をつけて修正すると、だれが、いつ、どこをどう修正したのかがひと目でわかるようになります。

▶ 変更履歴は変更した人ごとに色が異なる

　変更履歴のつけ方は、［校閲］タブ→［変更履歴］グループから「変更履歴の記録」ボタンをクリックします。ボタンをクリックした後の作業は、変

更履歴として記録されます。変更履歴の記録を中止する場合は、再度「変更履歴の記録」ボタンをクリックして OFF にします。

　また、変更履歴を記録すると、ソフトに登録されているユーザー名が校閲者として資料に書きこまれますが、ユーザー名を個人名にするか会社名にするかなどは、Word のオプションから変更できます（Microsoft Office のユーザー名）。

　このように、資料作成を精査する際は「だれがどんな修正をしたか」の履歴を残して、資料を推敲していきましょう。

変更履歴を処理するポイント　　W

　先ほどの例のように、自分の資料に自分で変更やコメントを書きこむこともあれば、上司やチームのだれかが修正を加えることもあります。このとき注意すべきは、

「変更の履歴が残ったままの資料を、完成資料として提出してはいけない」

　ということ。たとえば、あなたが変更履歴をつけて資料中の「1200円」を「1500円」に修正したとしましょう。そして、その修正した履歴を残したま

ま「完成版」として資料を相手に送った場合、相手がファイルを開くと次の図のようになります。

▶ 相手がファイルを開くと変更履歴は表示される

予想販売価格　　　~~1200~~1500　円←

　この履歴を見た人は、「なぜ金額が高くなったのか？」「ホントに1500円でいいのか？」と疑問を持ちます。完成版のファイルを送る場合、履歴を処理してからデータを送らなくてはなりません。処理のしかたは以下の2つがあります。

・変更を承諾：変更が反映され（例だと「1500円」となり）、履歴が消去される
・変更を元に戻す：変更は元に戻り（例だと「1200円」に戻り）、履歴が消去される

　変更履歴の記録・処理の方法は、絶対にミスが許されない作業です。これらの処理をしっかり使い分けられるようになりましょう。

実践
見落としがないように変更履歴を処理する　　　　　　　　　　W

　変更履歴を1つひとつ処理する場合は、処理したい変更履歴の箇所を右クリックして、表示されたショートカットメニューから処理方法をクリックしましょう。

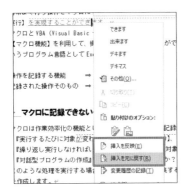

「この変更をすべて反映させたい」あるいは、「全部元に戻したい」という場合には、次の方法で処理してください。

画面上に表示された変更履歴をすべて反映する

［校閲］タブ→［変更箇所］グループの「承諾」ボタンから「表示されたすべての変更を反映」をクリックします。

すべての変更を元に戻す

［校閲］タブ→［変更箇所］グループの元に戻すボタンから「表示されたすべての変更を元に戻す」をクリックします。

　ちなみに「すべての変更を反映（元に戻す）」をクリックすると、表示されている／いないにかかわらず、すべての変更履歴が一括処理となりますので、慎重に処理しましょう。

共有相手の変更履歴・コメントは 種類を切り替えて処理する ⓦ

　変更履歴がたくさん書きこまれるとゴチャゴチャしてわかりにくくなってしまいますね。校閲者ごとに色分けされているとはいえ煩雑に見えてしまいます。

　このように変更履歴がたくさん書きこまれた資料は処理でミスをしやすくなります。たとえば「文字を書き換えた」履歴は、「削除」と「挿入」の2種類があるので「挿入は承諾したのに、削除は処理していなかった……」なんてミスも発生してしまいます。

　処理のポイントは、すべての種類の変更履歴を一度に表示するのではなく、

・履歴を残した校閲者ごと
・書式の変更ごと
・挿入や削除ごと

など"種類"に分けて表示するとミスしにくくなります。表示する種類の変更は［校閲］タブ→［変更履歴］グループの「変更履歴とコメントの表示」から以下のように切り替えましょう。

・校閲者ごとに表示したい→「特定のユーザー」から校閲者を選択
・内容ごとに表示にしたい→表示したい処理の内容のみチェックを入れる

　さきほど述べたように画面に表示された変更履歴はすべて一括処理ができますので、併用して有効に利用しましょう。

実践

変更履歴・コメントの表示方法の切り替え　　　　　　　　　　

　変更履歴の表示方法は［校閲］タブ→［変更履歴］グループの「変更内容の表示」で以下のように切り替えることができます。

・シンプルな変更履歴／コメント：変更履歴・コメントのある段落の左側に縦線が表示される
・すべての変更履歴／コメント：挿入・削除・書式の変更・コメントの変更履歴がすべて画面上に表示される
・変更履歴／コメントなし：変更履歴は非表示にし、すべて承諾された

状態で表示される（変更後の状態）

・初版：変更履歴は非表示にし、すべて元に戻した状態で表示される（変更前の状態）

　また「シンプルな変更履歴／コメント」の状態で左側の縦線をクリックしても「すべての変更履歴／コメントの表示」に切り替えることができます。

▶ 左側の縦線が入っている箇所は変更履歴がついている

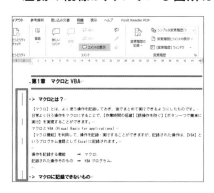

　さらに、変更履歴を「吹き出し」や「変更履歴ウィンドウ」で表示することもできます。吹き出しの表示設定は、「変更履歴とコメントの表示」→「吹き出し」から変更しましょう。変更履歴ウィンドウの表示は［変更履歴］グループの［変更履歴ウィンドウ］から「縦長（横長）の変更履歴ウィンドウの表示」をクリックします。

変更履歴の見落としを防ぐ　　　　　　　　　W

　変更履歴を処理したつもりでも、どこかに見落としがあっては困ります。確実に履歴が処理されているか、必ず確認しましょう。特に、「変更履歴／

コメントなし」「初版」の表示になっていると変更履歴が画面に表示されていませんので、うっかり変更履歴があることを見落とす場合があります。

　変更履歴を確認するために、［校閲］タブ→［変更履歴］グループの「変更履歴とコメントの表示」をクリックしましょう。特定のユーザーが「すべての校閲者」となっていれば、履歴は残っていません。

　あるいは、変更箇所グループの「次（前）の変更箇所」へのジャンプボタンをクリックして確認できます。次のようなメッセージが表示されれば、履歴は残っていません。

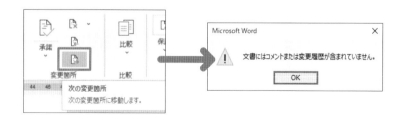

共有相手との意思疎通に コメント・メモを活用しよう

変更履歴は直接文書を変更しますが、そうではなく、相手に何かを伝えたいときにコメント・メモを使用します。メモ機能はWordにはありませんが、Excelの場合コメントとメモを使い分けることができます。それぞれ以下のように作成できます。

コメント

コメントの内容に関して相手が返信できます。さらにコメントに返信を入力することでスレッド機能を使用できます。

Wordの場合、コメントをつけたい文字列を選択し、［校閲］タブ→［コメント］グループから「新しいコメント」をクリックします。吹き出し表示されたコメント領域に内容を入力しましょう。

▶ 相手とやりとりしたい箇所にコメントをつける（Word）

Excelの場合、コメントをつけたいセルを選択し、［校閲］タブ→［コメント］グループから「新しいコメント」をクリックします。セルの右上に紫のマークが表示され、コメントがついていることを知らせてくれます。

▶ やりとりしたい箇所にコメントをつける（Excel）

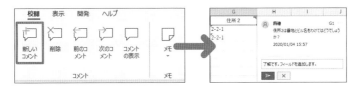

メモ（Excel のみ）

　メモの場合は、返信機能がありません。セルの右上に赤いマークが表示され、セルにメモがついていることを知らせてくれます。セルを選択するとメモがポップ表示されます。

▶ 補足したい箇所にメモをつける

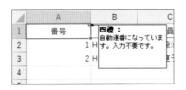

　セルにメモをつける場合は、[校閲] タブ→ [メモ] グループから「新しいメモ」をクリックすれば、セルに吹き出しが表示され、メモの入力ができます。また、メモがついているセルを右クリックし「メモの編集」をクリックすることで、メモ内にカーソルが表示され編集できます。

　コメント・メモは、右クリックのショートカットメニューからも挿入できます。

「その場でパッと作成して共有できる」表をマスターしよう

ビジネスの場において作成する資料は膨大です。

決算時期が近づけば、勘定科目ごとの経費集計や売上集計、取引先への支払い状況や売掛集計……
来週の月曜日に営業会議があれば、先月の各課売上集計、商品別売上集計、得意先売上集計、社員の勤怠管理、出張費集計……

たしかにデータを分析するためにはさまざまな項目から集計した表が必要ですが、会議の場で新たな集計を求められたら、「ちょっとお待ちください」と、ちまちま表を作成して関数を組むわけにもいきません。かといって、事前にたくさんの表を作成しても、キリがありませんね。

そこで、「ピボットテーブル」という、データ分析に使える機能を活用しましょう。ピボットテーブルは表の作成も関数の数式も組み立てる必要なく、瞬時に集計することができるのです。さきほどのように会議の場で求められたときでもすぐに集計でき、サクッと共有できます。さらに明細表も作成できる便利な機能なので、ぜひ使いこなせるようになっておきたいところです。本節では、以下の3つを解説します。

・ピボットテーブルの元となる「データベース」作成のポイント
・ピボットテーブルによる関数を使用しない集計の方法
・集計以外のピボットテーブルの活用法

だれでもどんな場面でも「活用できる」表にする６つのポイント

Excel の表で一番活用される表とはどんな表でしょうか？ それは「データベース」という、さまざまな集計表を作成するときの元になる表。つまり、

「一番シンプルなリスト形式の表」

です。ただし「一番シンプル」と言っても、何も考えず作成すればいいわけではありません。たとえば、担当者別集計、商品区分別集計、店舗支店別集計……などの集計表を作ろうとすると、当然「担当者」・「商品区分」・「店舗支店」の項目をもった元表がないと集計できませんね。あたりまえだと思うかもしれませんが、さまざまな場面で活用できる表を作成するなら「項目をしっかり作成できているか」が重要になります。

都道府県別会員数を集計したいのに、「都道府県」「市区町村」を列ごとに分けず、1セルの中に住所をフルで入力していないでしょうか？
1月〜12月の年間売上集計をするはずなのに、1月のシート、2月のシート、3月のシート……と月ごとにシートを分けて入力していませんか？

あとで困るのは自分だけではありません。だれでも必要なときにすぐ集計できるリスト形式の表を作成するために、以下のチェックポイントに気をつけてください。

①集計する必要がある項目は、最初から必ず作成しておく
すでに大量のデータが入力されている表で項目を追加すると、再度過去の伝票を探して1項目のみすべてを入力しなければならないという悲劇が起こります。

②シートを分けずに、すべてのデータを1枚のシートに集めておく

　リスト形式の表にどんどんデータを追加入力していくことで、いくつも表を作成する手間が省け、一括で管理できます。

③1行目の項目名（フィールド名）は重複しないようにする

　同じ項目名では集計できません。「住所1」「住所2」や「会社電話番号」「携帯電話番号」のように異なる項目名をつけるようにしましょう。また、項目名のセルが空白でも集計できなくなります。

④必ず項目に「基準となる列」を作成する

　顧客番号・伝票番号・オートナンバーなど「どのデータとも必ず重複しない」列を、表に含むことが大切です。集計のために並び替えをくりかえして、ゴチャゴチャになったとしても、このような「基準になる列」で並べ替えをすれば、また同じ順番に並べ直すことができます。

⑤1行1明細で入力する

「住所も電話番号も入会日も同じご夫婦なら、1行に入力して氏名欄に2人分の名前を入力すればいいよね」なんてことをすると、会員数は1名減ります。原則は1行に1人分（1明細）。キチンと行を分けて入力しましょう。

⑥表内に空白の行は作らないで、詰めて入力をする

「伝票が見つからないから後で入力するために1行あけておいたのが、そのままになっていた！」なんてことがあると、表が分割されてしまい集計できなくなってしまいます。見つからない伝票のデータは見つかったときに最終行に入力すればいいので、あと回しにしましょう。最終的に伝票番号順に並び替えれば、キチンと間に入ります。

日々、上記の決まりを守った表へ入力すれば、パパッと必要に応じて集計できます。

実践

表を操作して、活用できるようになろう　　　　　　　　　| X

「リスト形式の表」のかんたんで便利な使い方の1つ、「並べ替え」をしてみましょう。

　たとえば、「年齢」の列を若い順に並べ替えたいときは、「年齢」のセルを選択し［データ］タブ→［並べ替えとフィルター］グループから「昇順」をクリックします。基準になる列（図中であれば、A列「NO」）で昇順に並べ替えれば元に戻ります。

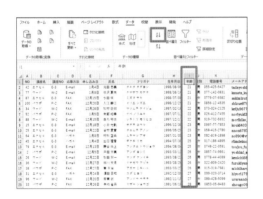

　また、並べ替えは「オートフィルター」のボタンからもできます。

①表内をクリックし任意のセルを選択した状態で［データ］タブ→［並べ替えとフィルター］グループから「フィルター」をクリック

②表のフィールドに▽のオートフィルターのボタンが表示されます

③フィールドのオートフィルターのボタンをクリックすると、昇順・降順・色で並べ替えのほか、同様にユーザー設定の並べ替えもできます。

データベースからサクッとリストを作成する | X

　先ほどの「講座申込状況」のシートはすべての申込者情報が入力され
ていますが、

「『講座名』ごとに申込者名を抜き出したリストを作りたい！」

　ということもあるでしょう。そんなときは、フィルターの詳細設定を
使用します。
「オートフィルターと何が違うの？」と思うかもしれませんが、オート
フィルターでソートをかけてリストを作る場合、データをコピーして別
シートに貼りつけて、また、フィルターを解除して新たな条件でフィル
ターをかけてコピーして貼りつけて……というムダな作業をすること
になります。
　そこで、フィルターの詳細設定を使って、項目名（フィールド名）と
条件を指定すれば必要な資料をすぐに作成できるのです。

　それでは実際に「講座名（エクセル、ワード、パワポ)」ごとに申込
者シートを作成してみましょう。作成前にあらかじめそれぞれのシート
を作成し、1行目に条件の項目を作成します。

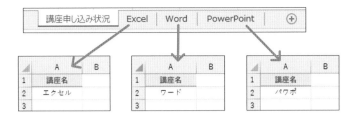

① 「エクセル」の申込者リストを作成する場合は、あらたに作成した
「Excel」のシートをアクティブにします

② ［データ］タブ→［並べ替えとフィルター］グループから「詳細設定」
をクリックします

④ 「フィルターオプションの設定」で、以下の項目を記入します

・抽出先：「指定した範囲」にチェック
・リスト範囲：元データの全体を選択
・抽出条件範囲：挿入したいシートに記入した条件の項目セルを選択
（今回の場合は「Excel」シートの「講座名」と「エクセル」のセル）
・抽出範囲：データを表示させたい先頭セルを選択

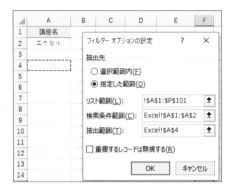

⑤ OK をクリックするとリストが作成されます

　ほかの講座も同じように設定することで、すべてのデータからほしい
リストを作成できます。

「ピボットテーブル」でデータを活用しよう　　X

　先ほど作成した「データベース」を活用するには、さまざまな関数を駆使して、必要な情報をとりだしたり集計したりします。しかし、関数を使用したりコピー＆ペーストで作表したりすることなく、データベースを操作するだけでほしい集計表がパッと作成できれば、こんなにうれしいことはありません。それを実現できる機能が「ピボットテーブル」です。

　以下の手順で「ピボットテーブル」を作成しましょう。ただし、この機能を使用するには前述の「データベース」をキチンと作成しておくことが前提となります。

①リストの表内をクリックしてセルを選択しておきます
② ［挿入］タブ→ ［テーブル］グループから「ピボットテーブル」をクリック
③自動的に連続データのリスト表全体を認識しますので、そのまま OK をクリックします

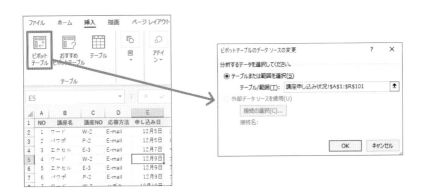

④新たにシートが挿入され、空のピボットテーブルが表示されます。右

側のピボットテーブルのフィールドには、リストの表の1行目に入力した項目名（フィールド名）がボタンとなって表示されます

▶ ピボットテーブルのフィールド

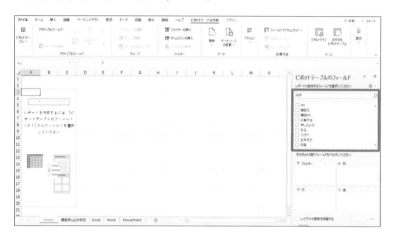

⑤集計したい項目名にチェックを入れて操作します

実践

ピボットテーブルを使った想定問答集　　　　　　　　　　　　Ｘ

　ここで、あなたがとあるパソコン講座の事務担当者だったとして、上司からの質問にピボットテーブルを使って受け答えしてみましょう。

Q. 各講座の受講料集計はどうなっていますか？

　講座ごとの「講習料金集計」を作ります。「講座名」と「講習料金」にチェックしましょう。

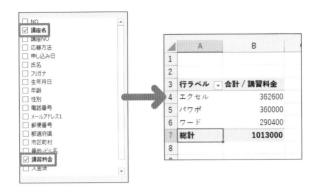

A. エクセルとパワポは同じくらいですが、ワードがすこし少ないです。
総額で100万円強です。

Q. **お申込みいただいた講習料金の入金状況はどうですか？**

　講座ごとの「講習料金納入状況」を確認します。入金済みにチェック
を入れ、行フィールドから列フィールドにドラッグしてマトリックス表
に組み替えます。

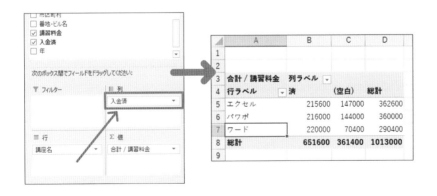

A. まだ、半分くらいの入金状況です。

Q. 締め切りますので講座ごとの参加者名簿を作成してください。

　講座ごとの「申し込みリスト」を作成します。先ほど作成した、講座ごとの「講習料金納入状況」の表から、エクセルの総計セルをダブルクリックすると新規シートにリストが作成されます（ドリルスルー機能)。

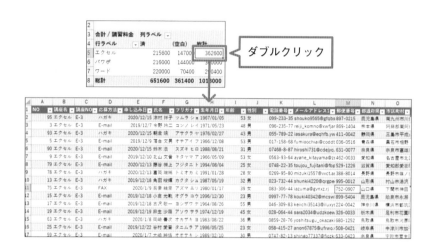

Q. 今回の講習の申し込みはどの地区が多いでしょうか？

　都道府県別申込人数の集計は、すべてのチェックを解除し都道府県のみチェックを入れます。その後、フィールドリストから都道府県のボタンを値フィールドにドラッグしましょう（文字列のデータは自動的にカウントされます）。

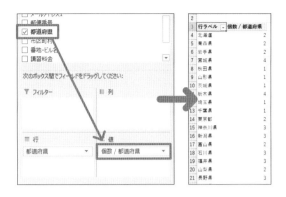

A. 特に申し込みが多い県はありません。5名以下でバラバラです。

Q. 申し込みの方法はどのようになっていますか？

　応募方法別申込数を確認する場合は、すべてのチェックを解除し、応募方法にチェックを入れ、フィールドリストから応募方法のボタンを値にドラッグします。

A. やはり、ハガキでの申し込みが減少して、メールでの申し込みが増えています。

　ちなみに、ピボットテーブルで作成した項目はダブルクリックで変更できます。

Q. 今回の講習会の参加者は若い人とご年配とどちらが多いでしょうか？

　年齢別申込人数の集計は、すべてのチェックを解除し、年齢・講座名のみチェックを入れます。その後、講座名を列フィールドに移動します。再度フィールドリストの講座名を値フィールドにドラッグして配置します。

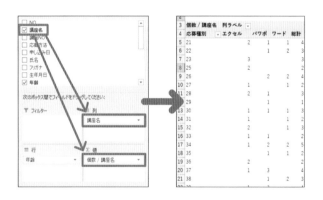

　ただし、これでは「若い人」と「ご年配」どちらが多いかわかりにくいので、年代ごとに集計しましょう。年齢のセルを右クリックして「グループ化」をクリックします。グループ化のウィンドウには、リストにある最小値と最大値が表示されています。末尾の値に「60」と入力し、OK をクリックします。

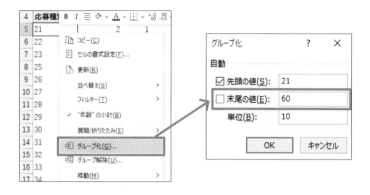

これで、年代別申込人数が集計されます。

個数 / 年齢	列ラベル			
応募種別	エクセル	パワポ	ワード	総計
21-30	11	7	7	25
31-40	9	12	7	28
41-50	9	6	10	25
51-60	8	5	9	22
総計	37	30	33	100

A.20代〜50代の方にお申し込みをいただいておりますが、特に年代の差はないようです。ただ、エクセルは20代の方、パワポは30代の方が多く申し込んでいます。40代以降はパワポの需要が少なくなっているのが見受けられます。

　このように、ピボットテーブルを利用すれば瞬時にデータを集計でき、今後の対策も検討できます。さらに、見たいデータをリアルタイムで表示できるので、会議のためにたくさんの集計資料を印刷して用意する手間が省けます。ぜひ使いこなせるようになっておきましょう。

第4章　「自分だけが扱えればいい」をやめなさい〜だれでもどんな場面でも利用しやすい資料に仕上げる

203

ピボットテーブルの集計方法を変えよう

「値」に何を配置するかで、ピボットテーブルに表示されるデータが以下のように自動で変わります。

・文字列の項目（フィールド）：「個数」が表示される
・数値の項目（フィールド）：「合計」が表示される

　もしこの集計の計算方法を変更したい場合は、値フィールドのボタンをクリックして「値フィールドの設定」画面から変えられます。

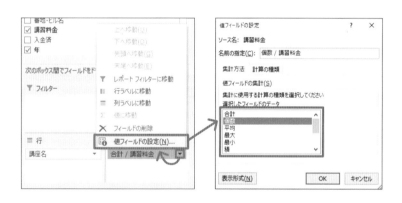

ピボットテーブルを更新する | X

　ピボットテーブル作成時に、表全体の範囲を指定しました。この表を修正・追加した場合は、もちろん更新する必要があります。それぞれ以下の手順で更新しましょう。

データを修正した場合

[ピボットテーブル分析] タブ→ [データ] グループの「更新」ボタン
をクリックするだけで最新情報に更新されます。

データを追加した場合

ピボットテーブルの範囲を拡張する必要があります。[ピボットテー
ブル分析] タブ→ [データ] グループの「ピボットテーブルのデータ
ソースの変更」から、集計範囲を指定し直しましょう。

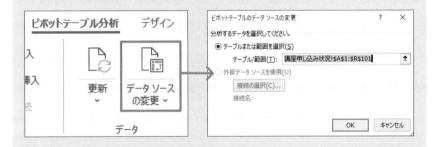

しかし、あらかじめ「元データの表に新たにデータを追加する」とわ
かっている場合、元データとなる表をテーブルに変換しておくことで、
自動的に範囲が拡張されて上記の「データソースの変更」をする手間が
省けます。ピボットテーブルを更新するだけで最新情報になります。

表をテーブルに変換するには、表内をクリックして1か所セルを選択
しておきます。[挿入] タブ→ [テーブル] グループから「テーブル」
をクリックします。書式が自動設定されテーブル機能が使用できる表に
なります。このとき、「先頭行をテーブルの見出しとして使用する」に
チェックがあることを確認しましょう。

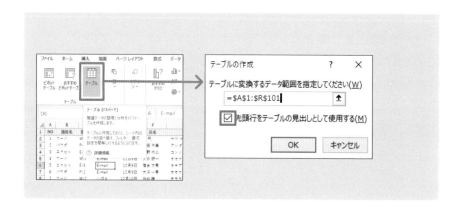

大量のデータの中から 瞬時に重複しないデータ一覧を作成する

X

　ピボットテーブルは「集計」だけにしか使えない、なんてことはありません！　大量データのリストの表から「データ一覧を作成」するのにも活用できるのです。たとえば、

・集計用に必要な項目を抽出する
・オリジナルの連続データを登録する用の「ユーザー設定リスト」を作成する（106ページ参照）

　などは手入力で作成すると「重複しないようにデータを抜き出す」苦労が必要で、考えただけでも大変な作業です。しかし、ピボットテーブルを活用すれば手間なく「重複しない」データを一瞬で抽出できます。

▷ データベースからそれぞれの集計表の項目を抽出できる

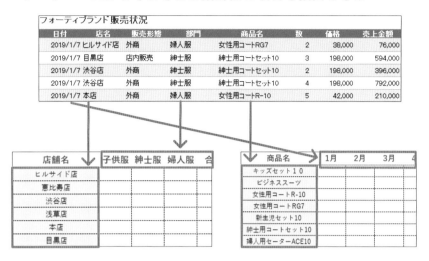

[挿入] タブ→ [ピボットテーブル] をクリックし、ピボットテーブルの
フィールドリストで必要な項目名にチェックして、行フィールドに項目名を
入れます。集計をする必要はないので、値フィールドは使用しません。

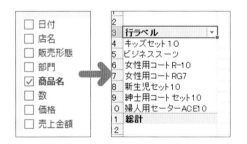

　データの部分を選択して、別シートに「値貼り付け」することで、再利用
できます。

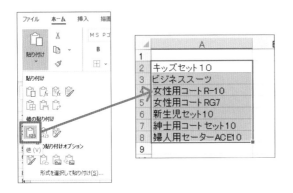

ピボットテーブルを印刷する | X

　ピボットテーブルを作成すると、瞬時にさまざまなデータを集計できて大変便利です。ただし、欠点は集計表が瞬間的なものであり、新たに項目を組み直すことで変わってしまうことです。

　複数のピボットテーブルを作成しておけば、それぞれで集計を表示できますが、印刷する資料の枚数が多くなってしまいますね。

「ピボットテーブルで作成した表をまとめて印刷したい！」

　というときは、ピボットテーブルで作成した表をコピーし「図」として貼り付けてまとめましょう。もし列数・行数さらにサイズが異なっていても印刷用資料として少ない枚数にまとめられます。

講座名	エクセル	パワポ	ワード	総計
北海道			2	2
青森県	2			2
岩手県			2	2
宮城県	1	1	2	4
秋田県			1	1
山形県	1			1
茨城県	1			1
栃木県	1	2	1	4
埼玉県			1	1
千葉県		1		1
東京都		1	1	2
神奈川県	1	1	1	3
新潟県		3		3
富山県	1		1	2
石川県	1		1	3
福井県	1	1	1	
山梨県			1	1

講座名	エクセル	パワポ	ワード
21-30	11		7
31-40	9	12	7
41-50	9	6	10
51-60	8	5	9
総計	37	30	33

応募種別	E-mail	FAX	ハガキ
21-30	11	9	5
31-40	13	8	7
41-50	10	10	5
51-60	9	8	5
総計	43	35	22

　図として貼りつけるには、［ホーム］タブ→［クリップボード］グループの「貼り付け」ボタンから「図」をクリックします。ワークシート上に図として貼りつけられますので、セルにとらわれることなく自由にサイズ変更・配置できますが、データの修正はできなくなるので注意してください。ピボットテーブルの表に限らず、サイズの異なる表を資料として1ページにまとめるときには活用できる方法です。

おわりに

　この書籍執筆のご依頼をいただいたのが2019年夏の始まりのころ。企画内容の変更や構成の組み立てに時間がかかり、執筆を始めたのが秋も深まった11月でした。そしてその執筆開始直後に母が亡くなり、原稿を書きあげるころにはコロナウィルス感染のため世界中が混乱する事態となりました。この「おわりに」はコロナウィルス感染予防対策としてスクールが休業となった自宅にての執筆です。

緊急時ならなおさら大切にしたい「読み手を意識した」資料作成

　母が亡くなった時には葬儀社の方との打ち合わせで、たくさんの資料と向きあうことになりました。葬儀内容の申込書、スケジュール表、見積り……すべて紙ベースでのやりとりです。深い悲しみの中、葬儀を進めるためには、簡潔でわかりやすくできるだけ少ない手続きが求められます。しかし、資料を作る側ではなく、喪主側として受け取る側の立場に立った時、

「もっとこうならわかりやすいのに」
「もっとこう書いてほしいのに」

　と思うことがありました。1枚の資料の中にギッシリと書かれた葬儀にまつわる準備や進め方。悲しみで混乱している頭では、そんなにたくさんの情報をしっかりと読み理解する余裕はありません。「箇条書きでもっと簡潔に書いてほしい」と思いましたが、きっと葬儀社からすれば、お客様のことを考えて「あれも伝えなければ、これも伝えなければ」と情報盛りだくさんの資料を作成したつもりでしょう。しかし、立場が変わると見方も変わると実感しました。
　そして驚いたのが、コロナウィルス感染予防対策に関する資金申請をした

ときです。webサイトから申請用の資料をダウンロードして、必要事項を入力して送り返すわけですが、このダウンロードしたWordのファイルを見て、ひっくり返りそうになりました。

なんと、本書の「はじめに」に記載した「スペースだらけ、行末改行だらけ」の資料だったのです。社名や必要事項を入力するとすべての段落がズレて、レイアウトがめちゃくちゃになります。それを防ぐためには、入力した文字数分のスペースを削除しなければならないのです（もしくは、[Insert]で上書きモードに切り替えてから入力すれば、入力した文字数分だけスペースが削除されます）。

このような資料で、普段Wordを使い慣れない中小企業の社長さんたちは、無事に申請できるのでしょうか？

行政が配布している、それも何万もの人に向けた資料がこれでいいのでしょうか！？

自信を持てる「必要最低限の資料作成スキル」を身につけよう！

WordにしてもExcelにしてもたくさんの機能があります。その機能を覚えたければ、専用の書籍がたくさん発売されています。そんな中で本書は、資料作成時に「最低限これだけの考え方と機能を使えるようにしてね！」というキホン部分をご紹介しました。

そう、本書で記載した内容はあくまで「最低限」なのです。しかし、私はこの「最低限」のスキルが、一番身についてほしいと願っている部分です。社会人としてスタートする時にみんながキチンと理解しておけば、ビジネス社会全体の資料作成スキルがアップできると思っています。

逆に言うと「これらのキホンを知らないで作成している資料は恥ずかしい資料ですよ！」ということです。あなたが作成した資料を見て、どこかでだれかがひっくり返っているかもしれません。これから社会人になる人はもちろん、

・仕事で資料作成が多く、PC に向かう時間が長い人
・自己流で覚えたソフトの使い方を見直したいと思っている人
・社外に提出しても恥ずかしくない資料を作成したいと思っている人
・そもそも PC スキルに自信がない人

　といった方々も、この「最低限」のスキルを身につけたうえで、それぞれの業務にあわせて必要なソフトの機能を学習することをおすすめいたします。

　今回、書籍執筆の機会を与えてくださった技術評論社の傳智之さん。再度ご依頼いただけたことに深く感謝申し上げます。そして、編集を担当してくださった技術評論社の佐久未佳さん。書いても書いても修正が入り、変更履歴でいっぱいの校正原稿を見ると、夢にうなされそうでした。その佐久さんの一生懸命さに支えられ「役に立つ本を作りたい！」という思いでここまでこれたことに心より感謝しております。

　そして、原稿の入力ミスや画像をチェックいただいた、弊社スタッフの川上絵美子さん。弊社ではテキスト作成時の最後に、川上さんの関所を通過しないと印刷できません。今回も川上関所の役割を果たしてくれてありがとうございました。

　今まで20年以上のスクール業務の中で、さまざまな企業研修やスクール生徒の皆様からいただいた質問や悩みが私の中に蓄積され力となっていることをありがたく思います。

　この本を読んでくださった方々が、今後社会人として自信をもって資料を作成できるようになることを心より願っております。そして、少しでもあなたの役に立てればうれしい限りです。

2020年4月27日　四禮　静子

ソフト共通

上書き保存	[Ctrl] + [S]
名前を付けて保存	[F12]
元に戻す	[Ctrl] + [Z]
やり直し	[Ctrl] + [Y]
くり返し	[F4]
すべて選択	[Ctrl] + [A]
離れた箇所の選択	[Ctrl] + クリック（またはドラッグ）
連続データの選択	[Shift] + 最後のデータをクリック
コピー	[Ctrl] + [C]
図形を水平／垂直にコピー	[Ctrl] + [Shift] + ドラッグ
切り取り	[Ctrl] + [X]
貼り付け	[Ctrl] + [V]
左右対称の図形を描画	[Shift] + ドラッグ
カタカナ変換	[F7]（1回ごとに右からひらがなに戻る）
アルファベット変換	[F10]（1回ごとに小文字→大文字→頭文字大文字をくり返す）
ひらがな変換	[F6]（1回ごとに左からカタカナに変換）
郵便番号（入力確定前）を住所に変換	[Space]（or [変換]）で変換
住所（入力確定後）を郵便番号に変換	住所を選択し、[変換] で変換

タブのショートカットキー表示	Alt
「検索と置換」の設定を表示	Ctrl + H
印刷プレビューの表示	Ctrl + F2 (Ctrl + P)
文書校正	F7
太字	Ctrl + B
斜体	Ctrl + I
下線	Ctrl + U

Word

改行	Enter
段落内改行	Shift + Enter
タブ入力	Tab
改ページ	Ctrl + Enter
文書の先頭へ移動	Ctrl + Home
文末へ移動	Ctrl + End
段落の中央揃え	Ctrl + E
段落の右揃え	Ctrl + R
段落の左揃え	Ctrl + L
段落の両端揃え	Ctrl + J

フォントサイズ（大）	Ctrl + Shift + >
フォントサイズ（小）	Ctrl + Shift + <
書式のクリア	Ctrl + Space
音声読み上げの起動	Ctrl + Alt + Space

Excel

アクティブセルを下に移動	Enter
アクティブセルを右横に移動	Tab
アクティブシートの切り替え（左）	Ctrl + PageUP
アクティブシートの切り替え（右）	Ctrl + PageDown
ジャンプ	Ctrl + G
セル内改行	Alt + Enter
セル末尾にカーソル表示	F2
$ の入力	F4
同一列内のデータをリストから入力	Alt + ↓
A1を選択	Ctrl + Home
列全体を選択	Ctrl + Space
選択した列・行の削除	Ctrl + −
選択した列・行の前に挿入	Ctrl + +

選択した複数セルのうち、先頭行のデータを同じ列にコピー	Ctrl + D
選択した複数セルのうち、先頭列のデータを同じ行にコピー	Ctrl + R
現在時刻の自動入力	Ctrl + :
現在日付の自動入力	Ctrl + ;
合計の自動入力	Alt + Shift + =
値貼り付け	Alt → H → V → V
テーブルの作成	Ctrl + T （Ctrl + L）
メモの追加	Shift + F2
関数の挿入ダイアログの表示	Shift + F3
セルの書式設定の表示	Ctrl + 1
定義された名前の一覧表示	Ctrl + F3

そのほか便利なショートカットキー

アクティブウィンドウの切り替え	Alt + Tab
スタートメニューの表示	windows
デスクトップの表示	windows + D

索引

四禮　静子（しれい・しずこ）

有限会社フォーティ取締役。日本大学芸術学部卒業。CATV の制作ディレクター退職後、独学でパソコンを学び、下町浅草に完全マンツーマンのフォーティネットパソコンスクールを開校し20周年を迎える。講座企画からテキスト作成・スクール運営を行う。

1人ひとりにあわせたカリキュラムを作成し、スクール会員数は初心者からビジネスマン・自営業の方まで2000人を超える。

その他、行政主催の講習会や企業にあわせたオリジナル研修・新入社員研修など、すべてオリジナルテキストにて実施。

PC 講師だけでなく、Web 制作企画や商店の業務効率化のアドバイスなども行う。

著書に『Word のムカムカ！が一瞬でなくなる使い方』『Excel のムカムカ！が一瞬でなくなる使い方』『ストレスゼロの Windows 仕事術』（技術評論社）、共著に『ビジネス力がみにつく Excel & Word 講座』（翔泳社）がある。

ホームページ：http://www.fortynet.co.jp/

[お問い合わせについて]

本書に関するご質問は、FAX か書面でお願いいたします。
電話での直接のお問い合わせにはお答えできません。あら
かじめご了承ください。
右記の Web サイトでも質問用フォームをご用意しており
ますので、ご利用ください。
ご質問の際には以下を明記してください。

・書籍名
・該当ページ
・返信先（メールアドレス）

ご質問の際に記載いただいた個人情報は質問の返答以外の
目的には使用いたしません。
お送りいただいたご質問には、できる限り迅速にお答えす
るよう努力しておりますが、お時間をいただくこともござ
います。
なお、ご質問は本書に記載されている内容に関するものの
みとさせていただきます。

[問い合わせ先]

〒162-0846　東京都新宿区市谷左内町21-13
株式会社技術評論社　書籍編集部
『スペースキーで見た目を整えるのはやめなさい』係

FAX：03-3513-6183
Web：https://gihyo.jp/book/2020/978-4-297-11274-5

装丁	西垂水敦＋市川さつき(krran)
本文デザイン・DTP	二ノ宮匡 (nixinc)
編集	佐久未佳

スペースキーで
見た目を整えるのはやめなさい
～ 8割の社会人が見落とす資料作成のキホン

2020年 6月19日　初版　第 1 刷 発行
2022年 2月 8日　初版　第12刷 発行

著者	四禮静子
発行者	片岡巌
発行所	株式会社技術評論社
	東京都新宿区市谷左内町21-13
	電話　03-3513-6150　販売促進部
	03-3513-6166　書籍編集部
印刷・製本	日経印刷株式会社

ISBN978-4-297-11274-5　C0034
Printed in Japan